창과 방패

고소득 공익신고

창과방패

(돈 버는 비법 지침)

(주)문화매일신문

창과 방패 (I 권)

제1판 1쇄 인쇄 | 2023년 9월 14일
제1판 1쇄 발행 | 2023년 9월 20일

지은이 | 문성옥
펴낸이 | 최수진
마케팅 | 김태근
디자인 | 장철수

펴내는 곳 | (주)문화매일신문
주소 | 서울시 금천구 독산동 708호
전화 | 1588-2678
E-mail | interpolline@naver.com
ISBN 979-11-984521-1-5
값 55,000원

* 잘못된 책은 즉시 교환해 드립니다.
* 여기에 실린 자료 사진은 본 내용과 관련 없습니다.

교재 내용

Ⅰ. 추진 배경
1) 공익신고와 신고포상금 제도의 추진 배경
2) 공익신고와 불법 단속 신고의 정의
3) 공익신고와 신고포상금 제도의 개념

Ⅱ. 주요 내용
1) 공익신고와 불법감시 신고포상금이란?
2) 공익신고와 불법감시 단속은 누가 할 수 있나?
3) 공익신고란?
4) 공익신고와 불법감시 신고는 어디에?
5) 공익신고자 보호법은?
6) 공익신고 보상금·포상금·구조금 지급은?
7) 공익신고 사례, 특성, 수입전망은?

| 교재 머리말 |

    경제 활성화와 고소득 창출을 추구하는 현시대에 21세기 신종 유망 직종인 공익신고와 불법감시 단속 전문가로 활동하고자 그에 도전하는 지원자가 폭발적으로 늘어나고 있는 추세입니다.
    그러나 막상 공익신고에 참여하려 해도 그 과정과 노하우를 터득하기가 결코 쉽지 않다는 게 현실입니다.

- 공익신고와 불법감시 단속은 어떠한 업무를 수행하는가?
- 공익신고와 불법감시 단속은 어떤 범위를 대상으로 삼아야 하는가?
- 공익신고와 불법감시 단속의 수익성은 어느 정도 수준인가?
- 공익 단속과 불법감시 단속 신고는 어느 기관에 어떻게 해야 하는가?

- 공익신고와 불법감시 단속 신고는 누가 언제 처리하고, 포상금은 어떠한 절차에 의해 지급되는가?
- 공익신고 기술과 방법 및 노하우를 터득할 참고 교재, 교육은?
- 공익신고의 공격을 막아낼 비법은 없을까?
- 공익신고를 피할 방법은 무얼까?
- 고액의 포상금을 받을 수 있는 항목은 무얼까?

 이러한 의문점이 바로 공익신고와 불법감시 단속의 신고포상금 제도를 통해 고소득을 올리고자 도전하는 지원자들의 공통적 화두입니다.
 따라서 새 삶을 추구하는, 고소득을 올리고자 도전하는 주인공이라면 남녀노소를 막론하고 어떠한 초보자도 어려움 없이 공익신고나 불법감시 단속 전문가가 될 수 있는 지름길을 안내받을 수 있습니다.
 일부 포상금은 무려 30억 원까지 지급한다는 사실은 무얼 시사하겠습니까?
 또 보상금이나 포상금을 지급하는 대상 제도의 종류가 1천여 항목이나 된다는 의미는?
 공익신고나 불법감시 단속을 통해 높은 소득을 올리려면 반드시 기초적 관련 법률, 규정을 파악해서 숙지해야 합니다.
 또한 조사, 감시, 단속하는 과정에서 사생활이나 개인정보를 침해하지 않도록 유념해야 합니다.

그뿐 아니라 공익신고나 불법감시 단속 전문가가 필히 겸비해야 할 실무능력 배양에 초점을 맞추고 관련 기법을 체계적으로 터득해야 합니다.

뿐만 아니라 불법감시 단속 전문가가 꼭 알아야 할 관련 법령과, 실전에 투입할 실무 위주의 심오한 기술과, 철저하고 완벽한 현장 단속의 비법까지 "창과방패"를 통해 쉽게 배우기를 권장합니다.

내가 공익신고의 대상이라면?

혹시 내가 공익신고를 받는다면?

그래서 "창과 방패"가 그 해결책을 알려드립니다.

사전에 공익신고의 공격 방법이나 단속 비법을 전부다 속속들이 파악하고 미리 대비할 태세를 갖출 수 있다면?

그 때문에 "창과 방패"가 필요합니다.

공익신고나 불법 단속 전문가로 활동하고 싶거나, 단속의 손길을 피해서 공격을 슬기롭게 막아내고 싶은 분들에게 필수적으로 필요한 지침서가 바로 "창과 방패"입니다.

최종 결론은, 누구든 학력, 경력, 연령, 성별에 상관없이 본 교재를 통해 자습한다면 기대 이상의 소득과 방어 능력을 키울 수 있음을 확신합니다.

공익신고는 아무나 할 수 있나요?

◎ 공익침해행위란?

　국민의 건강과 안전, 환경, 소비자의 이익, 공정한 경쟁 및 이에 준하는 공공의 이익을 침해하는 행위를 말합니다.

◎ 공익신고란?
　공익침해행위가 발생했거나 발생할 우려가 있다는 사실을 신고, 진정, 제보, 고소, 고발하거나 수사의 단서를 제공하는 것을 공익신고라 합니다.

누구든지 공익침해행위가 발생하였거나 발생할 우려가 있다고 인정하는 경우에는 기관, 단체, 기업, 등의 대표자나 공익침해행위에 대한 지도, 감독, 규제 또는 조사 등의 권한을 가진 행정기관이나 감독기관에 신고할 수 있습니다.

물론 수사기관에 신고해도 됩니다.

◎ **포상금 지급은?**

공익신고를 함으로 인해 국가 및 지방자치단체에 재산상 이익을 가져오거나, 손실을 방지한 경우나, 공익의 증진을 가져온 경우에 포상금을 지급합니다.

단 포상금은 보상금과 중복해서 지급하지 않습니다.

또한 피신고자가 기소유예, 선고유예, 집행 유예나 형의 선고가 있는 경우에 한해서 포상금을 지급합니다.

그뿐 아니라 피신고자가 시정명령 등 특정한 행위나 금지를 명하는 행정처분을 받았을 경우에도 포상금을 지급합니다.

공익신고도 신고포상금 제도처럼 쉽게 신고할 수 있나요?

 2022년 한 해 동안 600만 건의 공익신고를 600여 관련 기관에 접수했으며, 포상금은 무려 100억 원이 넘게 신고자에게 지급했습니다.
 공익신고는 그동안 꾸준히 증가했습니다.
 그동안 공익신고 제도가 시행되고 10년 만에 신고 건수가 13배 이상 증가한 것입니다.
 그로 인해 거두어들인 과징금, 과태료가 무려 9,000억 원이나 된다니 놀라지 않을 수 없습니다.
 참고로 불법부정수급에 대한 포상금을 3억 원으로 인상했다는 것은 무얼 시사하겠습니까?
 그만큼 정부 당국에서 공익신고에 공을 들이고 있다는 걸 의미하는 것입니다.

　오래전부터 실시해오는 신고포상금 제도처럼 공익신고 역시 누구든 자유롭게 단속 신고를 할 수 있습니다.

　물론 포상금도 받습니다.

　공익신고는 내부 고발자만 신고해서 포상금을 받는 게 아닙니다.

　신고자의 자격이나 제한이 없습니다.

　세인들은 공익신고는 내부 고발자만 하는, 아주 특별한 제도로 오해하고 있는 게 사실입니다.

　잘못된 오해나 인식은 바로잡아야 합니다.

　공익신고는 국민의 간강과 안전, 환경과 소비자의 이익이나 공정한 경쟁 및 이에 준하는 공공의 이익을 침해하는 행위를 신고하는 제도입니다.

　그래서 정부 기관이나 지자체에서 실시하는 신고포상금 제도에 해당되지 않는 항목도 공익신고를 통해서 신고할 수 있습니다.

　신고포상금 제도와 관계없는 항목이라도 국민의 건강, 안전, 환경, 소비자의 이익, 공정한 경쟁, 이에 준하는 범법자나 실정법, 행정법을 위반한 사람을 공익신고를 통해 신고하는 겁니다.

　신고당한 위반자가 행정처벌이나 벌금, 기소에 의한 처벌을 받았을 때 포상금이 지급됩니다.

　따라서 공익신고를 이해하고 그를 토대로 단속 신고를 함으로 비로소 공익 단속 전문가의 대열에 합류하면서 포상금도 받게 됩니다.

　그러나 반드시 공익신고에 해당되는 항목에 한해서만 포상금을 지급하기 때문에 상세히 확인한 후에 포상금 지급 신청을 해야 합니다.

우리 주변에는 아직도 공익신고 제도를 이해하지 못하는 사람들이 많습니다.

불법감시, 공익신고, 전문가로 활동하며 고소득을 원하신다면 "창과 방패" 저자 문성옥 원장의 도움받기를 권장합니다.

문성옥 원장을 통해 강의와 현장실습을 받으면 고수익 주인공인 공익 전문가 대열에 합류할 수 있습니다.

현장실습을 통해 직접 단속과 신고를 해보는 현장 체험이 실습입니다. 현장 실습은 반드시 필요한 실천 경험입니다.

- 공익신고 단속 대상 항목이 얼마나 될까요?
- 공익신고를 누구든 할 수 있다는 사실을 알고 있는 사람은 얼마나 될까요?
- 공익신고를 해서 받을 수 있는 포상금의 최고액은 얼마나 될까요?
- 공익신고 대상 항목이 일반 신고포상금 제도 보다 훨씬 더 많다는 게 사실인가요?
- 공익신고 단속이 일반 신고포상금 제도 단속보다 오히려 더 쉽다는데 사실인가요?
- 공익신고 단속에 대한 정보가 아직도 공개되지 않았다는데 사실인가요?

모든 궁금 사항은 "창과 방패"를 통해 확인하시기 바랍니다.

| 목 차 |

- 교재 머리말 _ 6
- 공익신고는 아무나 할 수 있나요 ? _ 9
- 공익신고도 신고포상금 제도처럼 쉽게 신고할 수 있나요? _ 11

제 1 장

Ⅰ. 단속 전문팀이 단속할 공익신고 항목 _ 20

1. 국민의 안전에 관한 항목 _ 20
2. 공공의 이익을 침해하는 항목 _ 21
3. 국민의 건강에 관한 항목 _ 22
4. 소비자의 이익에 관한 항목 _ 23
5. 환경에 관한 항목 _ 24

Ⅱ. 음주운전 단속 _ 25

- 음주운전 처벌 대상이 아닌 경우 _ 31
1. 음주운전 단속 방법(주행 중 차량 단속) _ 32
2. 음주운전 단속 방법(출발 지점 차량 단속) _ 35
3. 음주운전 단속 방법(일반 요식업체 차량 단속) _ 41

Ⅲ. 부정청탁 및 금품 등 수수의 금지에 관한 법률위반 행위 단속 _ 48

위반 행위 단속(김영란법 위반 행위)

제 2 장

Ⅰ. 신고포상금 제도 불법감시 단속방법 _ 59

신고포상금 제도 분류 _ 60
   1) 상급 신고 포상금제도 _ 60
   2) 중급 신고 포상금제도 _ 62
   3) 초급 신고 포상금제도 _ 62

Ⅱ. 상급 신고포상금 제도 단속방법 _ 64

1. 탈세 신고포상금 제도 _ 64
   탈세자(기업) 신고 후 진행처리 방법 _ 67
   1) 가구점 단속(A형) _ 76
   2) 금은방 단속 _ 79
   3) 가구점 단속(B형) _ 83
2. 보험범죄(나이롱환자, 가짜환자) 신고포상금 _ 87
3. 원산지 허위표시 신고포상금 _ 98

4. 사무장병원 신고포상금 _ 104
5. 불법 다단계업체 신고포상금 _ 110
6. 약사법 위반 신고포상금 _ 116
7. 유사수신 행위 신고포상금 _ 123
8. 환경오염 신고포상금 _ 130
   1) 축사 단속 _ 133
   2) 공장 단속 _ 134
9. 밀수 신고포상금 _ 136
   1) 보따리 장사에 의한 밀수 _ 140
   2) 여행객을 이용한 밀수행위, 이른바 뻐꾸기 밀수 단속 _ 141
   3) 중고 제품으로 위장한 밀수 단속 _ 144
10. 어린이집 신고포상금 _ 148
11. 예산낭비 신고포상금 _ 153
12. 불법 사금융 신고포상금 _ 156

제3장

I. 추진 배경 _ 163
  1. 공익단속과 불법감시 단속의 추진 _ 163
  2. 공익단속과 불법감시 단속의 정의 _ 164
  3. 공익단속과 불법감시 단속의 개념 _ 165

불법감시 단속 신고의 형태 _ 166

Ⅱ. **주요 내용** _ 168
　　1. 공익단속 불법감시 단속 전문가란? _ 168
　　2. 불법 공익침해행위란? _ 169
　　3. 공익단속이나 불법감시 단속신고는 어디에? _ 169
　　4. 불법감시 단속 신고자 보호는? _ 170
　　5. 불법감시 단속 신고자 보상금 · 포상금 · 구조금 지급은? _ 171
　　　　공익단속 전문가의 특성 _ 171
　　　　포상금 (褒賞金) _ 172
　　　　신고포상금 관련기관 홈페이지 _ 172
　　　　탈세제보 포상금 한도액이 계속 늘어난다. _ 174
　　　　탈세제보의 종류와 해당 포상금 _ 175
　　　　탈세자(기업) 신고 후 진행처리 방법 _ 176

부 록

공익신고자 보호법 _ 179
부정청탁 및 금품등 수수의 금지에 관한 법률 _ 209
(일명 : 김영란법 / 청탁 금지법)
공지사항 _ 239

창과
방패

제1장

- 단속 전문팀이 단속할 공익신고의 항목
- 음주운전 단속
- 부정청탁 및 금품 등 수수의 금지에 관한 법률 위반 행위 단속

Ⅰ. 단속 전문팀이 단속할 공익신고 항목

1. 국민의 안전에 관한 항목

- 음주 운전
- 속도위반(고속도로 과속운전)
- 전용 차로 위반(고속도로 포함)
- 신호위반
- 안전벨트 미착용
- 안전운전 불이행
- 횡단보도 우선멈춤
- 무면허 운전
- 어린이 안전지대
- 공사장의 부실공사
- 산업안전조치 미준수
- 시설물 부실관리
- 공사장 안전 관리
- 화물차 낙하물
- 난폭운전(오토바이 포함)
- 보복운전
- 조직폭력배 단속
- 논두렁 소각행위

2. 공공의 이익을 침해하는 항목

- 공사, 예산 낭비 신고
- 시설물 관리 예산 낭비
- 밀수 행위
- 부정수급 행위
- 부정 환급 행위
- 과대 과장 광고행위
- 허위 광고행위
- 보험범죄(나이롱환자, 가짜환자)
- 정부보조금 부정사용 신고
- 부정청구 신고
- 보상금, 출연금 허위청구 신고
- 보상금, 출연금 과다청구 신고
- 정부 보조금 목적외 사용 신고
- 정부 보조금 오지급 신고
- 사회복지 부정수급 신고
- 유가 보조금 부정수급 신고
- 환경 보조금 부정수급 신고

- 국가근로장학금 부정수령 신고
- 공공주택사업 부실 시공
- 공공주택사업 전관유착 신고
- 예비군훈련 불편사항 신고
- 장애인 등 편의법 위반 신고
- 근로기준법 위반 신고

3. 국민의 건강에 관한 항목

- 약사법 위반 행위
- 부정불량식품 제조
- 부정불량식품 유통
- 무허가 건강기능식품
- 무면허 의료 행위
- 성인용품점 의약품 판매
- 부정 의약품 판매
- 불법 의료기기 제조 판매
- 공사장의 소음
- 공사장의 먼지 방출

- 공사장의 불법행위
- 식품의 원산지 표시 위반
- 식품의 위생 관리 위반
- 마약 밀반출, 밀수

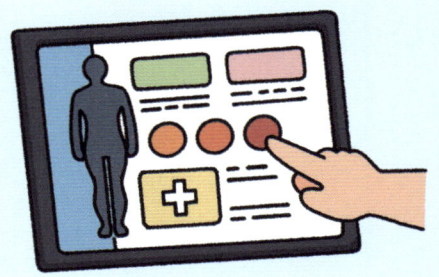

3. 소비자의 이익에 관한 항목

- 사전 담합 입찰
- 원산지표시 위반
- 원산지표시 허위표시
- 아파트 가격 담합 행위
- 특정 물품 사재기 보관
- 수입품의 포대갈이
- 가짜 휘발유 판매(경유)

5. 환경에 관한 항목

- 공장의 오폐수 방류
- 축사의 오폐수 방류
- 매연 차량
- 공장의 굴뚝을 통한 환경오염
- 폐기물 불법 매립
- 쓰레기 소각
- 쓰레기 매립 단속
- 쓰레기 투기
- 담배꽁초 투기

Ⅱ. 음주 운전 단속

 공익신고 중에서 모든 사람들의 주 관심거리는 단연코 "음주 운전"입니다.
 음주 운전은 반드시 뿌리 뽑아야 한다는 주장은 아무리 강조해도 무리한 요구가 아닙니다.
 음주 운전은 사회적으로 심각한 피해를 안겨주는 암적 존재입니다.
 음주 운전은 단순히 음주 운전을 한 운전자 본인한테만 문제가 발생하는 게 아닙니다.

무고한 피해자가 생긴다는 것이 가장 큰 문제입니다.

우리나라는 이상하게도 외국에 비해 음주 운전에 상당히 관대한 편입니다.

처벌이 외국에 비해 형편없이 미약합니다.

정부 차원에서도 음주 운전 범죄를 근절시키기 위해 무차별 단속을 하고 있습니다.

특히 경찰은 많은 단속 인력을 동원해서 주야간 가리지 않고 음주 운전을 뿌리뽑겠다는 각오로 집중 단속을 진행합니다.

그럼에도 불구하고 음주 운전은 좀체 줄어들지 않는 게 현실입니다. 음주 운전을 근절시키기 위해 국회에서 특별법도 만들었고 그에 따라 처벌도 강화했지만, 안타깝게도 그 효과는 참으로 미흡하다는 게 현 실정입니다.

술을 마신 후에 알코올의 영향을 받는 건 당연합니다.

술을 마셨어도 충분히 해독이 된 후에 운전한다면 누가 뭐라 하겠습니까? 그러나 알코올의 해독이 채 풀리기 전에 운전을 하면 자칫 사고를 유발할 가능성이 높습니다.

그래서 알코올 해독이 안 된 상태로 운전을 하면 도로교통법에 따라 엄격히 처벌받습니다.

음주 운전은 운전자가 잠시 판단을 잘 못한 탓에서 비롯된 비극입니다.

내가 운전을 몇 년이나 했는데……?
내가 무사고 경력이 몇 년인데……?
이처럼 정신이 멀쩡한데……?
고작 소주 한 잔 마셨는데……?
내 직업이 운전인데……?

술을 마시면 판단이 흐려지는 건 기정사실입니다.
그에 따라 순발력도 떨어지고, 사고 대처 능력도 형편없이 저하되는 건 상식입니다.
그래서 술 마시면 운전대를 절대로 잡지 말아야 합니다.
그럼에도 불구하고 술 마신 자체를 아무것도 아닌, 안일한 생각을 하고 음주 운전을 합니다.
그로 인해 사고를 유발하고, 무고한 사람에게 엄청난 피해를 안겨줄 뿐 아니라 음주 운전을 했던 운전사 자신도 암울한 나락에 빠집니다.
운전사는 긴급 체포되거나, 구속되거나, 실형 선고를 받거나, 최고 무기징역 형까지 처벌받습니다.
이건 단순한 사고가 아니며, 모든 관련자들을 파멸시키는 중대 범죄입니다.
살인보다 더 무서운 범죄가 바로 음주 운전입니다.
조금만 살펴보면 우리 주변에서 얼마든지 목격할 수 있는 음주 운전은 반드시 근절시켜야 할 범죄입니다.
왜 그러한 범죄를 가볍게 보는 시각이 존재하는지 이해할 수 없습니다.

심지어는 음주차량에 동승한 사람조차 그 범죄행위의 공범자로 편승한다는 사실이 더 무섭습니다.

아무리 음주 운전을 끔찍한 범죄행위라고 강조해도 음주 운전 사고는 지금 이 시간에도 발생하고 있으며, 그 누군가는 그 범죄로 인해 글로는 형언할 수 없을 만큼 지독한 고통에 시달리고 있습니다.

이러한 범죄를 경찰이 사전에 예방하고 단속해서 뿌리 뽑기 위해 최선을 다하고 있습니다.

그러나 경찰의 힘만으로는 도저히 음주 운전의 범죄를 근절 시킬 수 없다는 결론입니다.

그래서 공익신고를 통한 음주 운전 단속이 절실히 필요합니다.

음주 운전의 범죄가 발생하는 발원지를 찾아서 사고가 발생하기 전에 막아내면 얼마나 좋겠습니까?

사전에 음주 운전을 시작하는 지점에서 술 마시고 운전을 못하도록 막아내는데 일조를 할 수 있는 비결이 바로 공익신고의 음주 운전 단속입니다.

이른바 "정의의 사자"라고 부르기도 하는 음주 운전 단속 전문가가 바로 공익신고 음주 운전 단속입니다.

그것도 음주 운전의 시발 지점에서 적발 단속을 통해 향후 발생될 대형 사고를 사전에 막아내는 역할의 주인공이 공익신고 음주 운전 단속입니다.

이러한 "정의의 사자"에게 손가락질을 한다든가 부정적 시각의 잣대를 들이댈 수 있겠습니까?

이건 밀고 가 아닙니다.

남의 불행을 자신의 행복으로 치부하는 불청객도 아닙니다.

많은 고생을 하면서 음주 운전 사고를 시발 지점에서 발본색원하겠다는 공익신고 음주 운전 단속 팀에게 찬사의 박수를 보내야 합니다.

보다 더 많이 응원하고 더 많이 격려해 주어야 마땅하다고 생각합니다.

그렇다면 우리 일반인도 음주 운전 차량을 신고하면 어떨까요?

주변에서 눈에 띄는 대로 신고한다면?

그런데 유감스럽게도 음주 운전의 범죄는 달리는 흉기, 즉 음주 운전 차량에서만 발생한다는 특징이 있습니다.

음주 운전의 범죄행위는 질주하는 차량을 통해 발생하기 때문에 달리는 차량이 바로 범죄 현장입니다.

술 취한 운전사가 운전하는 범죄 차량을 단속한다는 것은 쉽지 않습니다.

술에 취해서 운전하는 차가 정상일리 없습니다.

정상 주행을 하는 게 아닌, 비정상적 질주를 하는 차량을 단속한다는 것은 어려운 게 사실입니다.

그럼에도 불구하고 정상 주행을 하지 않는다고, 음주 운전을 하는 것 같다는 막연한 추상적 판단하에 신고한다고 해서 음주 운전으로 처벌받지 않습니다.

가장 중요한 것은 정말 술을 마시고 취한 상태로 운전을 했는가의 사실 여부입니다.

그래서 음주 측정을 하는 겁니다.

기실인즉 운전자가 술을 마시긴 마셨는데도 불구하고 막상 음주 측정을 해보면 음주 운전에 해당되는 수치가 나오지 않을 경우가 있습니다.

그 경우에는 음주 운전으로 처벌할 수 없습니다.

술에 취해서 운전했다는 증거가 없기 때문입니다.

그렇다면 일반적인 신고포상금 제도는 어떠한가 궁금할 겁니다.

음주 운전 행위를 신고하면 포상금을 지급하는 신고포상금 제도가 있습니다.

그러나 일반적으로 간단히 음주 운전했다는 신고를 했다고 해서 포상금을 지급하는 건 아닙니다.

신고포상금 제도에서는 음주 운전자가 술에 취한 상태로 운전하다가 사고를 유발해서 사상자가 발생했거나 기물을 파손했다는 피해가 발생해야만 비로소 포상금을 지급합니다.

그러나 공익신고의 경우는 다릅니다.

음주 운전을 했다는 사실만 신고해도 그에 대한 음주 측정 결과, 음주 운전을 했다는 증거가 나오면 그 운전자가 처벌을 받게 됩니다.

운전자가 처벌 받았다는 사실 확인서를 첨부해서 포상금을 신청하면 포상금이 지급됩니다.

따라서 음주 운전 단속이란 그리 쉬운 게 아니라는 최종 결론입니다.

● 음주 운전 처벌 대상이 아닌 경우 (실예)

(1) 술을 마신 뒤 뒷좌석에서 잠이 들었다.
(2) 시동을 걸었지만 주행은 하지 않고 히터만 작동시켰다.
(3) 주차장에서 운전석에 앉아 잠이 들었다.
(4) 시동을 걸었지만 음주 운전을 하면 안 된다는 판단하에 전화해서 대리운전을 불렀다.

위와 같은 경우에는 음주 운전으로 처벌받지 않습니다.
참고하기 바랍니다.

1. 음주 운전 단속 방법 (주행 중 차량 단속)

정상적 운전이 아닌 비정상으로 운전하는 차량을 발견했을 때는 우선 음주 운전 차량으로 의심해도 됩니다.

음주 운전을 하는 차량을 식별하는 방법은 다음과 같습니다.

다음에 해당되는 차량을 발견하면 즉시 신고해서 그 차의 사고를 미연에 방지해 주고, 또한 신고해서 포상금도 받을 수 있습니다.

1) 차량이 차선을 지켜서 운행하지 못하고 좌우 차선을 침범한다든가 차선을 밟고 주행한다.
2) 반듯하게 곧장 주행하지 못하고 자꾸만 술 취한 사람처럼 차량이 흔들리면서 조금씩 좌우로 이동한다.
3) 신호등이 켜졌는데도 빨리 출발하지 못하고 뒷 차가 빵빵거린 후에

서야 출발한다.
4) 마치 졸음운전하는 것처럼 우측이나 좌측으로 이동한다.
5) 속도 감각이 없는 것처럼 천천히 가거나 빨리 가는 주행을 반복한다.

위와 같은 차량을 발견하면 즉시 음주 운전 확인 후에 신고를 해야 합니다.
음주 운전 단속 방법은 다음과 같습니다.

(가) 운전하는 과정에서 음주 운전을 하는 것이 아닌가 하는 의심스러운 차량을 발견하면 그 차 옆으로 접근해서 우선 운전자의 행동을 살피며 동영상 촬영을 합니다.
(나) 운전자의 태도가 흐트러진 것 같은 모습을 보이면 그 운전자는 음주 운전을 하고 있을 확률이 높습니다.
(다) 음주 운전의 정황이 뚜렷하면 이제는 경찰의 도움을 받아야 합니다.
공익신고는 반드시 공직자에게 신고해야 합니다.
(라) 차량 번호판을 촬영합니다.
번호를 잊어버리면 신고할 때 곤란할 뿐 아니라 아예 신고조차 할 수 없습니다.
(마) 경찰에 신고할 때는 현재의 도로 위치를 정확하게 설명해야 합니다.
또한 차량 모델, 색상, 번호, 특이 사항 등을 전합니다.
가능한 차량의 진행 방향이 어느 지역을 향하는가를 알려줍니다.
차량의 주행 속도 역시 알려주어야 경찰이 추적하는 데 도움을 줄

수 있습니다.
(바) 주의해야 할 점은 절대 공익신고를 하려고 한다는 말을 하면 안 된다는 겁니다,
꼭 명심해야 합니다.
그때부터 경찰이 출동해서 음주 운전 차량을 찾아 단속을 시작합니다.
(사) 경찰 추적 팀이 그 차량을 정지시키면 단속 팀의 차량도 그 뒤편에 정차합니다.
경찰이 운전자를 상대로 음주 측정을 하고, 그 결과가 나올 때까지 기다립니다.
(아) 음주 측정 결과가 음주 운전으로 확인되면 단속 팀은 신분증을 경찰관에게 제시하고 공익신고를 하기 위해 신고했다는 취지를 설명해 줍니다.
(자) 참고로 음주 운전을 했던 운전자의 성명 등을 메모해 두어야 합니다.
경찰관이 단속 팀의 인적 사항을 기록하는 걸 확인해야 합니다.
(차) 경찰관의 소속 성명을 알려달라고 해서 인적 사항을 기록해 두어야 합니다.
또한 경찰서와 지구대 등 소속을 정확히 확인해야 합니다.
전화번호도 꼭 메모합니다.
대부분 지구대는 단속 현장에서 가까운 곳에 있습니다.
(카) 음주 운전했던 운전사를 지구대나 경찰서로 연행할 것인가, 아니

면 귀가 조치를 할 것인가를 경찰에게 문의해서 그에 대비해야 합니다.

귀가 조치를 한다면 더 이상 현장에 있을 필요가 없습니다.

그러나 운전사를 연행해서 지구대나 경찰서로 데리고 간다면 단속 팀도 함께 가야 합니다.

(타) 경찰서나 지구대에 도착하면 사건 담당자가 누구인가부터 확인합니다.

음주 운전자의 처벌 수위, 신병 확보 등 구속 여부에 대해서도 확인합니다.

(파) 모든 확인이 끝나면 사건 담당자에게 "내가 공익신고를 하기 위해 단속했다"라는 취지를 설명하고 공식적으로 공익신고 접수를 합니다.

2. 음주 운전 단속 방법(출발 지점 차량 단속)

음주 운전은 술 마시는 곳에서부터 시작해야 효과적입니다.

술 마시는 곳에서 음주 운전 단속을 한다면 누가 이해할 수 있겠습니까?

그렇지만 출발 지점에서 단속하면 성공률이 100%라는 공익신고 전문가들이 제공한 데이터 기록을 참고한다면 누구든 출발 지점에서 음주 운전 단속을 하고 싶은 유혹에 사로잡힐 거라 믿습니다.

음주 운전은 경찰만 단속하는 전유물로 생각하는 경향이 지배적입니다.

그러나 이제는 그러한 고정관념의 틀에서 벗어나야 합니다.

왜냐면 "창과 방패"를 통해 음주 운전 단속을 출발 지점에서 하는 비법을 공개했으니 그 효과가 미치는 폭발력이 엄청날 거라 확신하기 때문입니다.

요컨대 "창과 방패"를 통한 음주 운전 단속 비법을 공개한 만큼 그 효력으로 말미암아 조만간 음주 운전 범죄가 우리 사회에서 사라지지 않을까 믿어 의심치 않습니다.

제발 그랬으면 좋겠다고 기대하는 사람들이 많을수록 반드시 우리 사회에서 음주 운전하는 사람이 단 한 사람도 없는, 음주운전 사고가 없는 세상이 되었으면 하는 바램입니다.

음주 운전 단속을 하려면 한 사람이 하는 것보다는 두 명 이상이 합동 작전을 전개하는 게 효율적입니다.

음주 운전 단속을 출발 지점에서 하려면 유흥업소가 많이 몰려있는, 유흥 밀집 지역을 선택해서 단속하는 게 훨씬 유리하고 효과적입니다.

단속 건 수도 많이 올릴 수 있는 장점이 바로 유흥업소 밀집 지역입니다.

또한 주차장이 가급적 많은 곳이 단속하기가 좋습니다.

● 사전에 준비해야 할 사항
(1) 성능 좋은 오토바이는 필수 항목입니다.
(2) 워키토키
(3) 승용차
(4) 바디 캠, 단추 카메라
(5) 고성능 녹음기

● 단속 방법
(1) 유흥주점이 밀집되어 있는 곳에서 음주 단속을 할 때는 주차 장소에 신경 써야 합니다.
주차할 때 주의해야 할 것이 주차 위치입니다.
단속 팀은 출발 신호가 떨어지면 즉시 행동해야 하는데, 만일 장애물이 있어서 바로 출발하지 못한다면 얼마나 큰 손실이 따를지 모릅니다.
음주 운전 단속 작전이 실패할 수 있다는 겁니다.
그래서 아무런 장애 없이 언제든 쉽게 출발할 수 있는 지점에 단속

팀의 차를 주차시켜야 합니다.
(2) 대기 장소도 중요합니다.

여러 곳의 주점을 한눈에 보고 체크할 수 있는 지점에서 대기해야만 주점에서 나오는 사람들을 전부 확인하고 따라갈 수 있습니다. 그래서 대기할 장소 선택도 신중히 결정해야 합니다.

(3) 주점에 들어갈 때 주차장에 차를 주차하는 고객은 술을 마실 가능성이 높은 사람입니다.

그렇기에 주차장에 차를 두고 주점에 들어가는 사람의 인상착의를 주의 깊게 보아둘 필요가 있습니다.

(4) 술 마실 고객이 차를 가지고 오는 경우는 대리운전을 부르거나 아니면 음주 운전을 할 수밖에 다른 방법은 없습니다.

음주 운전을 하는 운전사의 목적지는 대부분 가깝습니다.

금방 도착할 건데 하는 안일한 생각을 하기 때문에 큰 화를 자초하는 셈입니다.

(5) 주점에서 나오는 고객은 대부분 술을 마신 취객이라고 판단해도 오

판은 아닙니다.

주점에서 나오는 사람을 따라가면 주차장으로 가거나 대리운전을 부릅니다.

(6) 그 사람이 주차장으로 들어가면, 그는 틀림없이 자신의 차를 운전할 겁니다.

그가 차에 타고 운전대를 잡습니다.

신속히 오토바이 팀에게 연락합니다.

차량 번호와 모델, 컬러를 알려줍니다.

재빨리 단속 팀의 차로 음주 운전 차량의 뒤를 따라갑니다.

물론 주점에서 나오는 장면부터 시작된 동영상 촬영은 계속 진행합니다.

(7) 아무튼 그 사람이 주점에서 나올 때부터, 주차장에 들어가서 자신의 차를 운전하는 장면까지……

모든 걸 촬영해서 증거를 확보하는데 빈틈이 없어야 합니다.

(8) 그렇다면 지금까지의 과정을 증거로 제시하고 음주 운전 신고를 한다면 포상금을 받을 수 있겠습니까?

(9) 그 과정까지의 증거를 가지고 음주 운전 신고를 한다면 절대 포상금을 받을 수 없습니다.

음주 운전은 실제로 운전하는 현장에서, 운전대에 앉아 있는 상태에서 음주 측정을 해야 됩니다.

음주 측정을 해서 처벌하려면 혈중 알코올 농도가 0.08퍼센트 이상이 나와야 합니다.

그런데 주점에서 술 마시고 나와서 운전했다는 증거만으로는 그 운전사를 음주 운전 혐의로 처벌할 수 없습니다.

(10) 따라서 운전사가 음주 운전을 했다는 결정적 증거를 확보해야만 음주 운전을 했다고 신고할 수 있는 겁니다.

그 결정적 증거가 바로 음주 측정 결과입니다.

따라서 그 차를 추적하는 건 계속 진행해야 합니다.

(12) 오토바이를 타고 차량을 추적할 대기 팀이 주점에서 나와 운전하고 가는 그 차량을 따라갑니다.

오토바이 뒷좌석에는 단속 팀의 일행이 타고 있으며, 그 팀원이 모든 동영상 촬영을 담당합니다.

(13) 오토바이 뒤를 따라가는 승용차는 만일을 위한 예비 차량입니다.

주점에서 나온 사람의 차가 자동차 전용도로에 진입하면 뒤따르는 오토바이는 그 전용도로를 이용할 수 없기 때문입니다.

그러한 상황을 대비하기 위해 오토바이 뒤를 승용차가 따라가는 겁니다.

(14) 이제는 경찰에 신고해야 할 시간입니다.

술집에서 술 마시고 취한 상태로 운전하는 음주 운전 차를 신고한다는 취지의 신고를 합니다.

이때 주의해야 할 것은 절대 공익신고를 하려고 한다는 말은 하지 말아야 합니다.

음주 운전 차량의 번호를 경찰에 알려주고, 현재 어느 지점을 통과하고 있으며, 그 차량의 속도는 몇km이며, 차량의 모델과 컬러까지 알려줍니다.
(15) 마침내 경찰이 음주 운전 차량을 강제로 정지시킵니다.

오토바이와 뒤따르는 승용차도 경찰차와 함께 멈춥니다.
(16) 경찰관이 음주 운전 차량의 운전사에게 음주 측정을 시도합니다.

이때 단속 팀은 그 현장에 접근하지 말고 참견해서도 안됩니다.

측정 결과 운전면허 취소에 해당하는 수치가 나왔다고 경찰관이 설명해 줍니다.
(17) 이제 마무리 단계입니다.

일단 운전사가 면허 취소에 해당하는 측정 수치가 나올 만큼 술을 마시고 운전했다는 증거가 나왔습니다.

그렇다면 단속 팀이 동영상 촬영한 제반 증거와 음주 측정 수치가 동일한 맥락에서 나온 만큼 음주 운전을 했다는 사실은 명백히 밝혀졌습니다.

뿐만 아니라 운전사가 음주 운전에 대해 변명의 여지가 없기 때문에 음주 운전의 공익신고는 정식으로 접수되었으며, 포상금 지급은 의심의 여지가 없습니다.

3. 음주 운전 단속 방법(일반 요식업체 단속)

음주 운전의 시발 지점이라면 대부분 유흥업소 밀집지역을 연상하기 마련입니다.

 하지만 유흥업소를 노리는 단속 팀이 몰려든다는 소문이 무성한 탓인 듯 공익신고 건수가 눈에 띄게 줄어드는 추세입니다.

 그런 영향으로 단속 팀의 발길이 점차 일반 요식업체로 몰리고 있습니다.

 일반 요식업체는 유흥업소 밀집 지역보다는 술 취한 취객이 적을 거라는 선입견 때문에 단속 팀의 발길이 뜸해지는 게 아닐까 싶습니다.

 하지만 일반 요식업체는 주류를 전문으로 취급하지 않지만 단체 모임이나 회식 등의 행사 때는 오히려 유흥업소보다 더 많은 술을 마신다는 사실에 관심 기울일 필요가 있습니다.

 결론은 주점에서 술 마시는 양보다 일반 요식업체에서 마시는 술 소비량이 훨씬 더 많다는 것입니다.

 그래서 음주 운전 단속 팀의 발길이 점차 일반 요식업체로 몰리고 있습니다.

　다소 의아한 생각이 들겠지만 주점에서 마시는 술 보다 일반 요식업체, 즉 식당 등에서 마시는 술의 양이 더 많은 이유는 이용하는 고객에 대한 숫자의 차이 때문입니다.

　사실은 고객의 수를 두고 계산한다면 주점에서 소비하는 주류가 일반 요식업체에서 소비하는 것보다 굉장히 차이가 날 만큼 많은건 사실입니다.

　그러나 주점을 이용하는 고객보다는 일반 요식업체를 이용하는 고객의 숫자가 거의 2~10배 이상 더 많다는 사실을 참고하면 그 부분의 차이가 왜 나는가를 이해할 수 있을 겁니다.

　아무튼 일반 요식업체에서 소비하는 주류의 양이 더 많다는 것만 염두에 둔다면 주점보다는 요식업체의 고객이 음주 운전을 할 가능성이 더 많다는 추상적 결론을 유추할 수 있습니다.

　그렇기에 음주 운전 단속 팀이 일반 요식업체로 몰려들고 있다는 말이 사실입니다.

　주점에서 음주 운전 단속을 한다면 그럴 수 있겠구나 하는 생각을 하겠지만 대부분의 사람들은 일반 식당에서 음주 운전을 단속한다는 것은 관심조차 없습니다.

　일반 식당에서는 음주 운전 단속을 하지 않을 거라는 생각 때문에 오히려 주점에서 단속 팀에 걸리는 것보다 일반 식당에서 걸릴 확률이 더 높다는 사실을 간과 해서는 안됩니다.

● 사전에 준비해야 할 항목

오토바이를 포함한 모든 준비품목은 "출발 지점 차량 단속"과 동일합니다.

● 단속 방법

단속 방법의 기본 골격은 "출발 지점 차량 단속"과 유사합니다.

그렇지만 음주 운전 단속방법은 "출발 지점 차량 단속"과는 다릅니다. 결정적으로 협조해 줄 사람을 통해서 직간접 도움을 받는 단속비법은 참으로 훌륭한 작전이란 호평을 받습니다.

음주 운전 단속을 손쉽게 할 수 있도록 요식업체에서 근무하는 직원이 도와주는 방법은 기가 막힐 정도로 성공률이 높습니다.

"출발 지점 차량 단속"은 주점을 방문하는 고객들 중에 차를 가지고 와서 술을 마시고, 그 고객이 대리운전을 부르지 않고 직접 운전하는 현장을 포착해야 하는 어려움이 따릅니다.

또한 그 사람을 미행해서 주차장의 차를 운전하고 가는 순간부터 증거 확보에 필요한 촬영을 해야 합니다.

그러나 일반 요식업체 음주 단속은 출발 지점 차량 단속과 전혀 다릅니다.

우선 음주 운전 단속이 손쉽다는 게 장점입니다.

그처럼 음주 운전 단속을 쉽게 할 수 있다면 단속 건 수도 다른 방법보다 더 많은 실적을 올릴 수 있다는 결론입니다.

음주 운전할 사람을 사전에 통보받아서 그 사람을 대상으로 단속하는 것이니 얼마나 쉽겠습니까?

한마디로 누워서 떡 먹기 보다 더 쉽게 음주 운전 단속을 할 수 있습니다.

그게 바로 요식업체 음주 운전 단속입니다.

손쉽게 음주 운전 단속을 할 수 있는 비법을 공개합니다.

(1) 요식업체, 식당은 가급적 대형 식당을 골라서 단속해야만 양질의 결과물을 얻을 수 있습니다.
(2) 식당을 골라서 선택했으면 그 식당 직원 중에서 한 사람을 포섭해야 합니다.
(3) 가능한 지배인 격의 신분을 가진 사람을 포섭하는 게 유리합니다.
(4) 음주운전 하는 사람을 단속하는데 협조가 필요하며 만족할 만 큼 사례를 하겠다는 조건으로 도움을 요청합니다.

사실 말이 포섭이지 기실은 공익신고 전문가와 동일한 단속 팀원을 만들어서 함께 단속하는 거나 진배없습니다.

결론적으로 지배인 격의 직원 한 사람을 단속팀원으로 영입하는 것입니다.
(5) 당연히 고수익을 보장해 준다는 조건으로 요식업체 직원을 단속팀원으로, 정식 채용하는 셈입니다.
(6) 특채 단속 팀원은 별도로 음주 운전 단속에 필요한 교육을 받아야

합니다.

교육 내용은 술 마시는 손님 중에서 차를 가지고 온 사람을 선별하는 방법과 그 사람이 대리운전사를 부르는가, 아니면 자신의 차를 직접 운전할 것인가를 관찰하는 교육까지 시킵니다.

(7) 음주 운전 단속 팀은 요식 업체 부근에서 대기합니다.

물론 오토바이 팀원과 승용차 팀원도 함께 대기합니다.

특채 팀원으로부터 술 마신 취객이 직접 운전하기 위해 주차장으로 가는 중이라는 연락을 받습니다.

특채 직원이 인사차 주차장까지 따라 나간다는 연락대로 그 사람을 따라 나옵니다.

그 취객이 차를 타고 가는 현장에서 특채 직원은 인사를 합니다.

단속 팀이 취객을 알아보고 단속하기 좋게 협조해 줍니다.

덕분에 취객이 차를 운전하고 출발하는 현장을 정확히 촬영해서 증거를 확보합니다.

(8) 그 취객이 식당에서 나오는 장면과 차를 타고 운전하며 출발하는 장면까지 모두 촬영합니다.

오토바이 팀원에게 차량 번호, 모델, 컬러를 알려주고 그 차를 추적하라고 지시합니다.

오토바이 뒤를 승용차 팀이 따라갑니다.

(9) 경찰에 음주 운전 차량을 신고합니다.

차량 번호, 모델, 컬러를 알려줍니다.

차량 진행 위치와 진행 방향, 주행 속도를 경찰에 알려줍니다.

(10) 절대 공익신고를 언급해서는 안 됩니다.

　　사건을 정확하게 인수 인계할 시점까지는 공익신고에 대해서 거론하지 않는 게 좋습니다.

(11) 경찰이 음주 운전 차량을 정지시키고 운전사에게 음주 측정을 진행합니다.

　　당연히 음주 운전을 했다는 증거가 나옵니다.

　　경찰이 음주 운전을 했던 운전사를 임의동행 형식으로 지구대나 경찰서로 연행하거나 아니면 정식으로 입건하고 돌려보냅니다.

(12) 바로 그 시점에 공익신고를 하기 위해 단속 신고를 했다는 사실을 밝힙니다.

　　지구대나 경찰서로 음주 운전을 한 운전사를 연행할 때는 단속 팀도 꼭 동행해야 합니다.

(13) 왜냐면 사건 담당자를 만나서 공익신고에 대한 정식 신고를 해야 하기 때문입니다.

　　사건 담당자의 연락처도 알아두어야 합니다.

　　또한 단속 팀이 그동안 단속하면서 증거를 확보한 것을 모두 다 건네주어야 합니다.

(14) 제반 증거를 사건 담당자에게 넘겨주고 음주 운전에 대한 공익신고를 정식으로 접수함으로 비로소 음주 운전 단속은 끝납니다.

III. 부정청탁 및 금품 등 수수의 금지에 관한 법률 위반 행위 단속

위반 행위 단속(김영란법 위반 행위 단속)

● 개요

　김영란법, "부정청탁 및 금품 등 수수의 금지에 관한 법률"은 부당한 간섭과 괴롭힘을 방지하고, 부정 청탁이나 금품 등 수수를 금지하여 직무 수행을 보장하고, 공공기관에 대한 국민의 신뢰를 확보하는 것이 주된 목적입니다.

　김영란법 적용 대상자는 국가공무원, 지방공무원, 법률에 따라 신분이 공무원으로 인정된 사람, 공직 유관단체 기관의 임직원 또는 기관의 장, 언론사 대표 또는 언론사의 임직원, 공립학교 학교장, 사립학교 교직원, 학교 법인 임직원 등으로 범위가 상상을 초월할 만큼 광범위합니다.

어느 정도로 법 적용 대상이 많은가에 대해 예를 들자면 공무원 뿐 아니라 상황에 따라서는 일반인도 김영란법 단속 대상에 포함될 수 있다는 사실입니다.

우리가 명절이나 특별한 날에 선물하는 건 일상적인 일입니다.

그런데 누가 어떻게 무엇을 선물했는가에 대한 부분은 대부분 잘 기억하지 못할 뿐 아니라 관심도 없습니다.

일정한 금액 이상의 선물을 받았다면 김영란법에 접촉될 뿐 아니라 처벌까지 받습니다.

공직자는 이해관계에 상관없이 직무를 공정하면서 청렴하게 수행해야 한다는 의무가 있습니다.

그래서 차별이나 우대 등을 방지하기 위해 만들어진 법이 바로 김영란법입니다.

식사 대접을 받을 때 3만 원, 선물도 5만 원(농수산물은 10만 원까지) 이 넘으면 안 되며, 경조사비도 10만 원 이상을 받으면 직무관련성이 없더라도 처벌받습니다.

현금, 상품권, 초대권, 이용권, 부동산, 유가증권 등 역시 재산적 이익으로 간주합니다.

골프, 접대, 교통, 숙박, 편의 등도 그에 포함됩니다.

● 처벌

김영란법을 위반한자가 동일인에게 1회 100만 원, 매년 회계연도에 300만 원을 넘는 금품을 받은 경우나 그걸 요구한다면 3년 이하의 징역 또는 3천만 원 이하의 벌금에 처합니다.

● 신고 방법

위반 사실이 발견된 공공기관이나 감독기관에 신고를 하거나 가까운 수사기관에 신고해도 됩니다.

또는 국민권익위원회에 직접 신고해도 됩니다.

● 단속 개요

김영란법 단속은 전체 공익신고 중에서 가장 난이도가 높은 항목입니다.

대부분의 범법행위가 아주 은밀하게 이루어지기 때문입니다.

상호 금품이나 선물을 주고받은 장본인이 아니면 김영란법 위반 사실을 신고할 수 없습니다.

특히 공무원이 뇌물성 접대를 받는다든가 뇌물을 건네받는 현장을 확인하고 증거를 포착 확보하기란 참으로 어렵습니다.

기실인즉 김영란법 위법 현장을 체크하고 단속한다는 것은 일반 수사관이 범인을 체포하는 것보다 더 어렵다는 게 정설입니다.

왜냐면 공무원이 언제 어디서 누구와 함께 식사를 하고 어떠한 접대를 받았는가의 사실을 어떻게 확인하고 증거를 확보할 수 있겠습니까? 그래서 김영란법 위법 행위를 단속한다는 것이 얼마나 어려운가를 실감할 수 있을 겁니다.

● 공직자 접대 단속

공직자 접대 단속을 하려면 우선 공무원이 밀집해 있는 지역을 선정해서 공직자들이 점심 식사를 하기 위해 언제 나오는 시간을 사전에 확인해야 단속에 도움이 됩니다.

또한 공직자들이 어떤 식당을 많이 이용하는가도 알아두어야 합니다.

물론 점심 식사와 저녁 접대는 단속 방법에 차이가 있습니다.

핵심 포인트는 공직자가 어느 정도 수준의 접대를 받는가에 있습니다.

공직자와 접대자 사이에 직무 관련상 어떠한 이해 관련이 있는가도 중요합니다.

직무관련성 이해 관련에 대해서는 그 상세 내용을 단속 팀이 알 수 없습니다.

그러나 공직자가 누군가로부터 식사 대접이나 향응을 받았다는 사실 자체가 문제일수 있습니다.

접대를 받았다면 그 비용이 얼마인가?

그 금액이 중요합니다.

결론적으로 공직자가 누구를 만나서 어떠한 접대를 받았는가 그 사실을 육하원칙에 의해 체크해서 단속하는 게 바로 공직자 접대 단속의 핵심입니다.

공직자가 직무상 이해 관련으로 식사 대접을 어떻게 받았는가에 따라 단속의 승패 여부가 결정됩니다.

● 사전에 준비할 항목

(1) 전문 단속 팀이 사용하는 일상적인 특수 카메라 일체.
(2) 망원렌즈 세트
(3) 단속 팀의 숫자는 많을수록 유리합니다.

● 단속 방법

(1) 점심 식사 시간 전에 관공서 정문이나 출입구에서 단속 대상을 선택하기 위해 기다립니다.
단속 팀은 3~5명 이상으로 편성하며 각자 임무를 맡아서 대기합니다.
1명씩 분산해서 단속합니다.
그 이유는 미행 단속했던 상대가 최종적으로 청탁금지법을 위반하지 않았을 경우에는 다른 팀원의 단속에 기대를 해야 하기 때문에 3~5명 이상이 합동으로 단속하는 게 유리합니다.
(2) 2명 이상이 함께 나오는 사람은 단속 대상이 아닙니다.
접대받을 약속이 있는 사람은 절대 동행자와 함께 가지 않습니다.

업무상 이해관계가 있는 사람을 혼자 만나는 것은 상식입니다.
(3) 그래서 혼자 나오는 사람을 선택합니다.
상대 공직자는 조금도 뒤따르는 사람을 의식하지 않습니다.
김영란법 위반행위의 단속을 하리라는 건 전혀 예상하지 않기 때문입니다.
현재까지 김영란법 위반에 대해 공식적으로 단속 신고를 했던 사례가 적은편입니다.
그래서 김영란법에 대해 신경 쓰는 사람은 없다고 해도 과언은 아닙니다.
그러한 특징이 바로 김영란법 단속입니다.
(4) 공직자는 사전에 약속한 장소에서 접대해 줄 상대를 만납니다.
그 장면에 대한 증거는 준비한 몰카로 동영상 촬영을 통해 확보합니다.
(5) 그 일행이 방문한 식당의 간판과 건물 등에 대해 촬영합니다.
(6) 식당에 들어가는 그 일행을 따라들어 갑니다.
실내에 있는 메뉴판을 촬영합니다.
메뉴판의 가격대는 대부분 3만 원 미만의 가격으로 표기되어 있습니다.
당연히 김영란법의 단속 금액인 3만 원을 초과하지 않겠다는 속셈입니다.
(7) 그들이 무슨 요리를 주문했는가 확인하고, 그 음식을 두 사람이 함께 먹는 장면도 촬영합니다.

두 사람이 무슨 대화를 하는가는 녹취할 필요 없습니다.

핵심 포인트는 어떠한 음식을 접대받았고 그 금액이 얼마인가를 확인만 하면 되기 때문입니다.

(8) 그들이 먹은 음식값은 틀림없이 일인 당 3만 원 미만일 거라는 것은 의심의 여지가 없습니다.

김영란법에서 규제한 3만 원을 초과하지 않겠다는 의지를 반영 시킨 결과입니다.

(9) 그들의 식대를 지불하는 사람은 공직자를 접대하기 위해 찾아온 사람입니다.

그 식대가 얼마인가를 확인할 필요가 있습니다.

그래서 영수증은 반드시 확보해야 합니다.

식사대금을 카드로 결제하는 데, 대부분 카드 결제 영수증을 받아가지 않습니다.

카드 영수증은 쓰레기통 속으로 들어갑니다.

그래서 영수증을 확보하는 건 어렵지 않습니다.

(10) 식당에서 나온 그들은 인근의 커피 전문점을 방문합니다.

커피 전문점에 대한 촬영도 동일하게 이루어져야 합니다.

무슨 커피를 마셨고 그 커피값이 얼마인가 등에 대한 증거자료를 확보해야 단속에 도움이 됩니다.

(11) 커피 마시고 헤어지는 장면 역시 촬영합니다.

공직자를 미행하는 팀원과 식사 접대를 하고 돌아가는 사람을 미행하는 팀원은 각각 다르며 그들의 신원을 확인하기 위한 마무리

작업입니다.

(12) 공직자를 미행하는 사람은 그 공직자가 어느 부서에 근무하는 누구인가를 확인해야 합니다.

(13) 접대한 사람을 미행하는 건 다소 어려움이 따를 수 있습니다.
왜냐면 그 사람의 인적 사항을 알아야 하기 때문입니다.
그의 신원이 확인될 때까지 계속 따라갑니다.
그 사람의 인적 사항이 확인되면 모든 단속은 끝납니다.

(14) 이 단속에서 가장 중요한 것은 접대받은 금액입니다.
공직자는 분명히 3만 원 미만의 식사를 했으니 김영란법 위반에 해당되지 않는다고 확신합니다.
그래서 자신이 단속 대상이라는 사실조차 모릅니다.
3만 원을 초과하지 않았기 때문에 그에 대해서는 조금도 관심이 없습니다.

그러나 그는 청탁금지법에 대해 잘 알지 못했던 모양입니다.

궁극적으로 그는 돌이킬 수 없는 실수를 했으며, 그 사실을 몰랐던 게 화근이었습니다.

아무튼 그로 인해 그는 김영란법 위반으로 처벌받을 수 있습니다.

식사대금이 일 인당 28,000원이었고, 그들이 식당을 나와서 마신 커피값이 일 인당 7,000원입니다.

그렇다면 그 공직자가 접대받은 금액은 식사비 28,000원과 커피값 7,000원을 합해서 35,000원이라는 결론입니다.

그 공직자가 접대 받은 건 식사 뿐만 아니라 커피까지 포함된다는 사실입니다.

그가 마신 커피도 접대받은 것이기 때문에 커피값도 식사비와 함께 접대비로 합산해서 계산합니다.

그래서 공직자가 접대받은 금액이 30,000원을 초과했기 때문에 그 공직자는 김영란법 위반으로 처벌을 받을 수 있다는 결론입니다.

이처럼 김영란법 단속은 굉장히 어려우면서도 쉽고, 또 쉬우면 서도 어렵습니다.

또한 상당히 예민한 부분도 많습니다.

그게 바로 김영란법의 특징입니다.

※ 공익신고 단속 비법의 전 과정은
"중급 신고포상금 제도"를 통해 공개합니다.

창과
방패

제2장

■ 신고포상금 제도 불법감시 단속 방법
■ 상급 신고포상금 제도 단속 방법

Ⅰ. 신고포상금 제도 불법감시 단속 방법

　신고포상금 제도의 불법감시 단속은 크게 3가지 항목으로 분류됩니다.

　첫째. 외부 활동을 하지 않고 실내에서 누구나 손쉽게 pc를 통해, 인터넷 단속을 하는 부업 차원의 비법으로 간단하고 편리하게 단속할 수 있는 기술입니다.

　수익성이 높을 뿐 아니라 단속도 손쉽게 할 수 있습니다.

　또한 신고 절차도 간단해서 단속 전문가들이 선호하는 최고 인기 아이템입니다.

주로 탈세 단속이나 차명계좌 단속에 이 방법이 활용됩니다.

둘째, 동행자 없이 독단적으로 활동하는 방법으로, 이를테면 "나 홀로" "독고다이" 등으로 불리는 기술입니다.

100% 실내를 벗어나서 실외, 현장에서 직접 단속하는 방법입니다.

전체 수익금(포상금)을 독차지하기 때문에 단속 전문가라면 내남없이 이 방법으로 활동 단속합니다.

그 때문일까요? 기대 이상의 고소득을 올리는 탓에 인기가 많습니다.

셋째. 2인 이상이 합동 단속을 펼치면 보다 더 많은 소득과 실적을 올릴 수 있기 때문에 이른바 "기업형 단속" 또는 "상어떼 단속"으로 불리우는 합동 단속의 기술입니다.

소득은 높지만 단속 팀이 소득을 분배한다는 단점이 문제입니다.

그러나 여러 사람이 혼연일체가 되어 합동 단속을 펼치는 결과물은 높은 수익의 보장입니다.

따라서 높은 소득은 여러 사람의 수익을 보장해 주기 때문에 단속 전문가로부터 환영받는 아이템입니다.

◎ 신고포상금 제도 분류

1) 상급 신고포상금 제도

건 당 포상금이 최하 일천만원 이상으로 기대이상의 소득을 보장받을 수 있는 최상급 신고포상금 제도입니다.

이른바 "로또 포상금"이라 불리울 만큼 포상금이 높기로 소문난 제

도가 모두 이에 해당됩니다.

자칫 소득에 관한 세금 부담이 얼마나 되는가를 언론에서 취재할 정도로 포상금이 고액입니다.

그러한 부분이 의혹의 대상으로 부각되는 제도가 상급 신고포상금 제도입니다.

좀 더 많은 소득을 올려보자는 목적을 100% 충족시켜주는, 고소득과 직접 연결되는 제도가 바로 상급 신고포상금 제도입니다.

많은 포상금 제도 중에서 전문가들이 가장 선호하는 아이템이 상급 신고포상금 제도입니다.

참고로 탈세 포상금 제도, 나이롱환자(보험범죄) 포상금 제도, 불법 다단계 업체 포상금 제도 등이 상급 신고포상금 제도에 해당됩니다.

2) 중급 신고포상금 제도

건 당 포상금이 최하 일백만 원 이상으로 공익 단속 전문가의 소득이 중산층 수준에 비유될 만큼 수익률이 높은 포상금 제도가 바로 중급 신고포상금 제도입니다.

지급받는 포상금이 건 당 일백만 원 이상으로, 단속 활동 팀이 종합소득세를 납부해야 할 정도라는 소문이 무성합니다.

따라서 중급 신고포상금 제도를 활용해서 단속하는 전문가의 수입이 어느 정도 수준일까를 짐작하는 것은 그리 어렵지 않습니다.

3) 초급 신고포상금 제도

건 당 포상금이 일백만 원 이하로 누구나 손쉽게 단속할 수 있는, 아주 간단한 초보자급 신고포상금 제도입니다.

그러나 포상금은 적지만 쉽게 많은 건수를 올릴 수 있다는 장점 때문에 인기가 좋은 편입니다.

남녀노소를 막론하고 누구나 쉽게 단속하고 활동해서 받는 포상금은 오히려 초보자한테 과분할 만큼 많다는 게 매력입니다.

그 때문에 적잖은 단속 팀이 몰리며 "황금알을 낳는 거위"를 연상케 하는 제도라는 칭찬을 입에 침이 마르도록 하는 제도가 바로 초급 신고포상금 제도입니다.

누구나 활동만 하면 수월하게 돈 벌 수 있는, 반드시 노력의 댓가를 보장받을 수 있는 제도라는 사실에 대해서는 거론의 여지가 없습니다.

또한 경험 없는 초보자라도 초급 신고포상금 제도를 통해 단속활동을 하다 보면 모든 게 "전부 돈으로 보인다"라는 탄성을 내지를 정도로 최고의 돈벌이가 초급 신고포상금 제도입니다.

  전국 어디를 가서 활동해도 사물이 전부 돈으로 보인다는, 바로 그 아이템이 초급 신고포상금 제도입니다.

Ⅱ. 상급 신고포상금 제도 단속 방법

1. 탈세 신고포상금 제도

● 개 요

　급변하는 경제사회에 따라 탈세 방법도 다양해졌을 뿐 아니라 탈세 행위를 뿌리 뽑고자 시행하는 탈세 신고포상금 제도의 포상금 역시 천정부지로 올라가고 있는 실정입니다.
　그러다 보니 내부 고발자나 신고자 외에도 공익 단속 전문가의 신고까지 …… 정말 그 인기가 폭발적입니다.

날이 갈수록 신고 건 수가 급증하는 추세입니다.

흔히 쉽게 말하는 "탈세"는 엄밀히 말해서 "조세 포탈행위"로 상당히 엄중한 형사 처벌 대상의 범죄행위입니다.

정부 입장에서는 누구나 세금을 빠짐없이 납부해야만 세수 수익에 차질이 없을 뿐 아니라 예산 집행도 순조롭게 이루어진다는 것은 명약관화한 사실입니다.

그러나 일부 몰지각한 사람은 자신의 잇속만 생각하고 탈세의 범죄를 저지릅니다.

탈세를 막기 위해 아무리 법을 만들고 엄중히 처벌해도 별 효과를 보지 못함이 바로 이러한 사람들 때문입니다.

그래서 국세청에서 탈세 신고포상금 제도를 도입했으며, 신고하면 포상금을 많이 주겠다는 간접 홍보까지 하기에 이르렀습니다.

거두어들이는 탈루액 중 일부를 신고한 사람에게 지급하는 탈세 신고포상금 제도는 엄청난 효력을 과시했습니다.

특히 공익 단속 전문가들이 나름대로 단속해서 신고한 결과는 참으로 놀라운 효과를 나타냈습니다.

그러자 정부에서도 그에 호응하는 차원에서 포상금을 계속 인상해 주었습니다.

그 때문일까요?

단속 전문가들이 선호하는 대상이 바로 탈세 신고포상금 제도라는 사실이 언론에 보도되면서 세인들은 탈세 신고포상금 제도에 관심을 기울이기 시작했습니다.

● 탈세 종류와 포상금 지급 종류도 다양합니다.

    탈세 신고포상금 제도 중에는
    차명계좌 신고포상금 제도
    체납자 은닉재산 신고포상금 제도
    신용카드 결제 거부 신고포상금 제도
    현금영수증 발급 거부 신고포상금 제도
    현금영수증 미발급 신고포상금 제도
    명의 위장사업자 신고포상금 제도
    해외 금융 계좌 신고포상금 제도 등이 있습니다.

또한 정부 당국에서는 탈세 신고를 한 신고자를 보호하는 신변보호 관련 법안을 만드는 등 다방면으로 탈세 신고자를 지원하고 있습니다.

● 참고 법률

국세 기본법 제84조의 2 제1항 포상금의 지급과 관련된 업무를 담당하는 공무원은 신고자 또는 자료 제공자의 신원 등 신고 또는 제보와 관련된 사항을 그 목적 외의 용도로 사용하거나 타인에게 제공 또는 누설해서는 아니 된다.

◈ 참고 사항 ◈ (언론보도 내용)

탈세자(기업) 신고 후 진행처리 방법

국세청은 신고가 들어올 경우에 해당 신고내용을 '과세 활용자료'인지 '누적 관리 자료'인지를 분류하여 '과세 활용 자료'일 경우에는 세무조사 실시나 현장 확인을 실시하고, '누적 관리 자료'일 경우에는 추후에 세무조사 등에 활용합니다.

공정위, 담합 신고 포상금 20억 원→30억 원 상향
2012년 11월 05일 (월) 11:35:05
방문판매법 위반 신고 포상금 체계 신설

공정거래위원회가 담합행위 등 공정거래법 위반 신고자에 대한 포상금을 크게 높인다.

5일 공정거래위원회는 공정거래법 위반행위 신고자에 대한 포상금 지급에 관한 규정을 개정해 오는 6일부터 시행한다고 밝혔습니다.

우선 담합행위 신고자에 대한 최고 지급 한도액이 기존 20억 원에서 30억 원으로 높아집니다.

또한 담합행위의 전체적인 지급 기본 액을 높이기 위해 산정기준도 늘어납니다.

현행 담합에 대한 지급구간 및 지급기준들은 5억 원 이하 10%, 5억 원~50억 원 5%, 50억 원 초과 1%이지만 개정 후에는 50억 원 이하 10%,

50억 원 초과~200억 원 5%, 200억 원 초과 2%로 변경합니다.

이에 따라 신고자는 기존에 비해 2배 이상의 포상금을 지급받을 거라는 분석입니다.

참고로 과징금 1천억 원이 부과될 경우 현행대로라면 12억 2000만 원을 지급받지만 개정 고시를 적용하면 28억 5000만 원을 받게 됩니다.

부당지원행위에 대한 포상금도 대폭 상향 조정됩니다.

형행 최고 한도액 1억 원이 10억 원으로 대폭 늘어나고, 구간별 지급 기준율도 기존 △5억 원이하 4%, 5억 원~50억 원 1%, 50억 원 초과 0.5%이던 것이 개정 후에는 △5억 원 이하 10%, 5억 원~50억 원 5%, 50억 원 초과로 1%로 조정됩니다.

아울러 부당한 고객 유인행위, 대규모 소매점업 고시 위반, 사업자단체 금지행위, 시원 판매행위, 신문판매고 시 위반행위 등의 포상금 지급액도 상향 조정됩니다.

1000만 원에서 1억 원까지 다양하던 최고 한도액이 모두 1억 원으로, 구간별 기준율도 △5억 원 이하 5%, 5억 원~50억 원 3%, 50억 원 초과 1%로 동일해집니다.

한편 방문판매법 위반행위에 대한 포상금 기준도 신설됩니다.
구간별로 1억 원 이하는 500만 원,
1억 원~10억 원 이하는 700만 원,
10억 원 초과 1000만 원 등의 지급 기본액이 상향조정됩니다.

공정위 시장 감시 총괄 과장은 "담합 행위 포상금 지급 수준이 상향됨에 따라 내부 임직원 등에 의한 신고가 활성화되어 적발 가능성이 한층 높아질 것으로 기대된다."라고 말했습니다.

● 사전에 유념해야 할 사항

(가) 1천여 신고포상금 제도 중에서 포상금을 가장 많이 지급하는 항목이 탈세 신고포상금 제도입니다.

그 때문에 탈세 신고포상금 제도는 공익 단속 전문가가 제일 선호하고, 인기 있는 제도라는 사실을 언론에서 인정했습니다.

그래서 탈세 신고포상금 제도는 단속 전문가들로부터 사랑을 독차지하고 있다는 표현이 나올 정도입니다.

(나) 지급 포상금액이 많은 만큼 그에 비례해서 단속 방법이나 비법의 난이도 또한 높은 것이 특징입니다.

(다) 대규모 법인 기업이나 일반 소기업을 포함해서 도소매 업체까지 폭넓게 단속할 수 있는 장점 때문에 탈세 단속에 도전하는 전문가의 성공률도 날로 증가하는 추세입니다.

(라) 사전에 빈틈없이 완벽하게 준비해야만 성공할 수 있음을 명심해서

실패하지 않도록 준비와 예행연습을 철저히 해야 합니다.

(마) 단속 업체 대상에 대한 사전 정보를 숙지해야만 단속하는 데 도움이 됩니다.

'지피지기면 백전백승'이라는 의미를 참고해서 단속하기 전에 상세한 정보를 입수 분석하는 게 효과적입니다.

그걸 토대로 단속 계획을 세우고 준비하면 틀림없이 좋은 성과를 올릴 수 있습니다.

바) 단속 대상에 관한 정보가 유출되면 단속 실패뿐 아니라 부작용 발생으로 자칫 바람직하지 못한 사단까지 발생할 수 있습니다.

따라서 절대 그러한 불상사가 일어나지 않도록 각별히 조심해야 합니다.

사) 신고할 때는 반드시 탈세 신고서를 작성해서 우체국을 통해 등기우편으로 접수하는 게 좋습니다.

그렇지 않고 직접 세무서를 방문해서 신고하면 부작용이 발생할 수 있습니다.

직접 세무서를 방문해서 신고하면 대부분 접수 담당 직원이 "접수되었다"라는 식으로 간단히 접수 하기가 십상입니다.

그 방식으로 신고하면 후에 포상금 지급에 대해 문제가 발생할 수도 있습니다.

포상금 지급이 순조롭게 이루어지지 않았을 때, 그에 대한 책임을 누가 질 것인가?

해당 포상금은 누구에게 지급하는가?

등의 문제가 발생할 수 있습니다.

그래서 세무서에 직접 방문하여 신고하지 말고 우체국을 통해 등기우편으로 신고서를 접수시킬 것을 권장합니다.

등기 접수증이 바로 탈세 신고 접수증 같은 효과를 볼 수 있기 때문에 반드시 탈세 신고는 우체국 등기 우편을 이용하는 게 유익합니다.

● 단속할 때 주의해야 할 사항

(가) 탈세 단속은 반드시 탈세 증빙 자료를 확보하는게 최우선 목표입니다.

그 증빙 자료를 확보해야만 탈세 신고를 할 수 있기 때문입니다.
탈세 증빙 자료는 대부분 문서를 통한 경리 장부 등의 직접적 증거만이 그에 해당되는 줄로 오해하고 있습니다.

그렇기에 다른 증거는 필요 없는 것으로 오인하고 적잖은 시행착오로 인한 손해를 보면서도 그러한 사실조차 모르고 있어서 안타깝습니다.

(나) 탈세 단속은 가능한 2명 이상의 단속 인력이 필요합니다.

혼자 단속하다 보면 걸림돌이 많을 뿐 아니라 자칫 단속정보가 노출될 가능성이 농후합니다.

무엇보다도 증빙 자료를 확보하려면 꼭 단속 일행의 공동 협조가 필요합니다.

(다) 혹여라도 피신고자 측에서 금품을 건네며 '신고하지 말고 좀 봐달라'는 부탁을 하더라도 절대 그 금품을 받아서는 안 됩니다.

금품을 건넨 후에 피신고자가 곰곰 생각해 보니 단속해서 증빙자료를 확보하고, 금품까지 받아 간 행위가 참으로 괘씸하다는 생각을 하기가 십상입니다.

또한 건네준 금품이 아깝다는 피해의식에 사로잡힐 수도 있습니다.

그래서 피신고자는 억울하게 당했다며 경찰이나 검찰 등에 고발이나 진정의 신고를 합니다.

사람의 마음이란 조석으로 변한다는 말대로 피신고자의 마음 역시 순식간에 변하는, 소위 말하는 "변심"이라는 불청객한테 발목이 잡힐 수 있다는 겁니다.

피신고자 자신은 범죄행위인 탈세를 했으며, 그 탈세 행위는 조세

포탈법으로 엄한 처벌을 받을 뿐 아니라 그에 따른 추징금까지 납부해야 할 처지에 놓인 겁니다.

그 때문에 신고자에게 통사정하면서 좀 봐달라고 매달린 것입니다.

그렇지만 그건 어디까지나 피신고자가 궁지에 몰리다 보니 궁여지책으로 신고자에게 봐달라고 사정했을 뿐입니다.

그러나 그 어려움이 해소되자 생각이 확 달라진 겁니다.

언제 그랬냐는 식으로 돌변했으며, 바로 이러한 현상이 소위 말하는 "화장실 갈 때와 나올 때 다르다"라는 것과 같은 맥락이라 할 수 있습니다.

아무튼 피신고자는 기다렸다는 듯 갑자기 돌변해서 "단속팀한테 협박을 받았으며, 그에 견디다 못해 금품을 주었다"라는 식으로 고소 고발 진정 등의 법적 신고를 한 것입니다.

그로 인해 신고자는 하루아침에 구속되는 어려움에 빠지게 됩니다.

실제로 그러한 사례가 있었다는 사실을 염두에 두고 절대로 금품을 받는 행위를 해서는 안 됩니다.

(라) 증빙 자료를 확보할 때는 피신고자가 알지 못하도록 은밀한 방법으로, 법적 실정법의 위반에 해당되지 않도록 주의해야 합니다.

● 단속 전에 준비해야 할 항목

(가) 단속 대상 업체 선정

많은 업체 중에서 탈세할 가능성이 높은 업체를 선별해서 찾아야 합니다.

우선 쉽사리 탈세할 가능성이 농후한 업체를 선택합니다.

선별한 업체에 대한 기초 조사를 합니다.

(업종, 규모, 탈세 가능성, 탈세 방법, 공장 사무실 매장 등)

참고로 탈세를 하는 업종으로 소문이 무성한 금은방, 가구점, 성형외과, 비뇨기과, 치과, 장례식장 등을 선택하는 게 유리합니다.

(나) 단속 현장 결정

단속 현장을 선택해서 결정해야 합니다.

단속 현장 선택은 아무리 강조해도 무리한 강요가 아닐 만큼 중요합니다.

현장 단속에서 제반 증빙자료와 상세 절차에 따라 모든 결론이 내려지기 때문에 현장 단속에서 성공과 실패가 결정된다고 해도 과언이 아닙니다.

그래서 현장을 어떠한 곳으로 선택하는가에 따라 희비가 엇갈릴 수 있습니다.

(다) 전문가 투입 인력 결정

현장 단속에 투입될 전문가의 필요 인원수를 사전에 결정해야 합니다.

(라) 필요 장비 결정

현장 단속에 필요한 장비(몰카, 바디 캠, 단 카메라, 손가락 카메라, 안경 카메라 등)를 준비해야 합니다.

(마) 단속 시간 결정

현장 단속 시간을 결정해야 합니다.

(바) 단속 방법 결정

현장 단속을 어떠한 방법으로 할 것인가를 사전에 결정해야 합니다.

(사) 포상금을 많이 받을 수 있음을 염두에 두고 심혈을 기울여 단속하기 위한 준비가 필요합니다.

구체적인 단속 방법

1) 가구점 단속(A형)

　가구점은 가능한 수입 가구점을 선택하거나 대형 가구점을 대상으로 하는게 단속하기에 유리합니다.
　또한 대형 매장을 단속하면 탈루액이 예상 밖으로 큰 만큼 그에 비례해서 포상금도 많다는 걸 참작하여 대형 업체를 선택하는 게 좋습니다.

(가) 평범한 고객인 양 자연스럽게 방문해서 행동해야 합니다.
(나) 부유층의 고객처럼 시계, 귀걸이, 목걸이, 반지, 팔찌 등의 귀금속에 신경 써서 장식해야 단속에 도움이 됩니다.
(다) 반드시 고가 승용차를 이용하고, 주차장의 차량을 상대 직원이나 대표 등이 볼 수 있도록 가시적 효과를 노리는 게 좋습니다.
(라) 제품 구입 상담을 통해 단속 전문가 일행이 vip 고객으로 인정받

을 수 있도록 고가 제품을 선택해서 상담합니다.

제품에 대한 AS 문제를 꼼꼼히 챙길수록 유리한 고지에 오를 수 있습니다.

(마) 기본적인 소규모 탈세인 차명계좌를 이용하거나 현장에서 직접 계좌에 입금할 수 있는 분위기를 조성하도록 최선을 다해야 합니다.

(바) 제품 가격이 높은 고가품이나 최고가 수입품을 구입하기로 결정합니다.

(사) 물품 대금은 초기에 신용카드로 결제합니다.

(아) 카드 결제는 아무리 큰 액수라도 꼭 일시불로 결제해야 합니다.

그래야 경제력이 좋은 vip 고객으로 인정받습니다.

(자) 신용카드 결제가 끝난 즉시 상대 직원에게 "카드로 결제하지 않고 현금으로 결제하면 얼마나 할인해 줄 건가?" 물어봅니다.

(차) 약 10% 가량 할인해 주겠다고 하면 "카드로 일시불 결제했는데, 그렇다면 현금 줄 테니 카드 끊은 것 취소해 주세요" 하며 카드 결제한 것을 취소해달라고 요청합니다.

(카) 방금 전에 고액을 카드로 결제할 때 "일시불"로 결제했기 때문에 상대방은 단속팀을 경제력 있는 재력가, 즉 vip 고객으로 인정합니다.

그래서 카드를 취소하고 현금으로 결제하면 얼마나 할인해 주는가?의 물음에 상대방은 조금도 의심하지 않고 10%를 할인해 준 겁니다.

(타) 그러면 곧장 "계좌이체를 할 테니 계좌번호를 달라"고 하면 상대

방은 아무런 의심 없이 계좌번호를 건네줍니다.

그 단계에 접어들면 단속반의 입장에서는 굳이 상대방이 판매한 제품을 구입할 필요가 없게 됩니다.

왜냐면 단속팀은 이미 상대방이 탈세하기 위해 사용하는 계좌번호를 입수했기 때문입니다.

(파) 일단 계좌번호를 받았다면 더 이상 그 장소에 머무를 필요 없습니다.

(하) 이제는 마무리 수순으로 들어가야 합니다.

그곳에서 받은 계좌가 정상 계좌가 아닌가 여부를 확인하는 건 쉬운 일입니다.

좀 전에 카드 결제했던 매출전표를 보면 대표자가 누구 인가?

그 대표자와 조금 전에 건네받았던 계좌의 예금주가 동일한가를 확인해 보면 당장 그 계좌의 진위 여부를 알 수 있습니다.

건네받은 계좌의 예금주와 카드 영수증의 대표자가

동일하지 않다는 것은 그 업체가 차명계좌를 사용하고 있다는 증거입니다.

일상적으로 차명계좌의 포상금은 건 당 일백만 원입니다.

그렇다면, 단속팀은 분명히 탈세 단속을 했던 것이지 일백만 원의 차명계좌 포상금을 받기 위해 단속한 것이 아니기 때문에 신고할 때 차명계좌를 이용한 탈세를 했다고 신고하는 겁니다.

신고서는 차명계좌 신고서가 아닌 탈세 신고서를 작성해서 등기우편으로 접수시킵니다.

2) 금은방 단속

　금은방은 동네의 작은 업체를 단속하지 않고 특정 지역에 몰려있는 대형 금은방을 단속하는 게 유리합니다.

　예를 들자면 서울의 종로, 부산의 부산진역 뒤편, 그러한 지역에 몰려있는 금은방은 대형 매장으로 거래 유형이나 거래 종목 등이 탈세와 연결될 가능성이 크다는 매력이 있습니다.

　그렇다고 금은방은 무조건 탈세를 한다는 식의 오해는 없어야겠습니다.

　일부 업체에서 발생한 사례를 두고 전체 금은방을 싸잡아 오명을 씌우는 건 잘못된 편견입니다.

(가) 대형 금은방에서 금괴 거래가 성황리에 이루어지고 있습니다.
　　거래 양도 수십억 원까지, 금값은 절대 떨어지지 않는다는 속설과

믿음 때문에 금괴 매입에 투자하는, 소위 말해 전주라는 사람들의 발길이 문전성시를 이룬다는 소문은 근거 없는 낭설이 아닙니다. 우선 단속 전에 장신구 치장에 심혈을 기울일 필요가 있습니다. 귀걸이, 시계, 반지, 팔찌, 목걸이를 비롯해서 양복과 구두까지 모든 걸 고급스럽고 귀티가 나도록 치장하는데 정성을 다해야 합니다.

(나) 차량은 무조건 고가 차를 준비 합니다.

그렇다고 렌터카를 이용해서는 안 됩니다.

단속 전에 선발팀(남녀 2명 정도)이 단속할 금은방에 전화를 합니다.

통화 내역의 핵심은 "우리 회장님이 여유 자금을 금괴에 투자하려 하는데 그에 대해 상의하고자 방문하겠습니다" 그러한 통화를 하면서 방문 일자와 시간을 정합니다.

(다) 약속 시간에 선발팀이 금은방을 방문합니다.

아주 익숙한 비서관처럼 언행에 신경 써야만 단속의 실마리가 풀립니다.

"전화드린 대로 우리 회장님께서 여유자금을 금괴에 투자하고 싶다고 하셔서 상담하러 왔습니다."

서두부터 시작해서 금괴를 구입하는데 가격, 결제방법, 운송 등에 대한 상담을 포함하여 부가세 등의 세금 문제까지.......

가능한 친근감이 들도록 노력합니다.

(라) 회장님 모시고 오겠다고 약속했던 날에 단속팀은 각자 맡은 업무

에 충실히 임하며 합동작전에 돌입합니다.

금괴에 투자할 금액은 많을수록 좋기 때문에 1천억 가량을 기준으로 비서가 회장 앞에서 구입 상담을 합니다.

모든 상담이 끝나고 결제 단계에서 회장이 비서에게 카드를 건네주며 결제하라고 지시합니다.

그때 사모님 역할 팀원이 현금으로 하면 얼마나 할인 혜택을 볼 수 있느냐며 상대 직원에게 물어봅니다.

3% 할인이 가능하다고 하자 비서가 나서서 회장님 "현금으로 하시지요" 하면서 카드 결제를 현금으로 전환합니다.

그러면 상대방은 어떻게 나올까요?

금괴 대금은 거액인데 현금으로 결제한다고 할 때, 어떠한 액션을 취하겠습니까?

당연히 상대는 납부해야 할 세금을 생각하지 않을 수 없습니다.

금괴 대금이 1천억인데……

그렇다면 부가세만 100억 대……

누가 100억 원의 부가세를 내려고 하겠습니까?

가능하다면 100억을 아끼고 싶은 게 인지상정입니다.

그러면 상대는 툭 터놓고 부가세 부분을 거론합니다.

상대는 부가세를 왜 부담하려 하겠습니까?

"단도직입적으로 말씀 올리겠습니다.

회장님과 저 둘이서 부가세를 50%씩 나누어 이익을 보는 게 바람직하다 생각합니다만 회장님 의향은 어떠신지요?"

세상에 누가 이런 제안을 거부하겠습니까?

금방 50억 원이라는 돈을 버는데……

그리고 우리는 단속팀인데…….

우리는 흔쾌히 승낙하고 그들의 제안을 받아들입니다.

1천억의 거래를 신고하면 부가세 100억을 납부해야 하는 만큼 거래 신고를 하지 말고 전액 현금으로 처리하자는 그들의 제안을 무조건 받아들인 겁니다.

그 대신 금괴 대금 1천억에서, 부가세 100억의 50%인 50억을 제외한 950억 원을 현금 입금하기로 최종 합의 결정한 것입니다.

그렇게 합의했기 때문에 그들은 조금도 의심하지 않고 950억 원을 입금할 계좌번호를 건네줍니다.

물론 그 계좌는 차명계좌이며 그 차명계좌를 이용해서 금괴 대금을 현금으로 받으며 탈세를 하고 있음이 명백하게 드러난 것입니다.

그러면 우리는 탈세 목적으로 사용하는 차명계좌를 입수한 만큼 단돈 일원이라도 그들의 차명계좌로 입금할 필요가 없게 된 것입니다.

금괴 역시 매입할 이유가 없다는 말입니다.

사실상 단속은 성공리에 끝났기 때문입니다.

3) 가구점 단속(B형)

가구점은 공익 단속, 불법 단속의 세계에서 비교적 매력 있는 업종으로 소문이 무성합니다.

그만큼 탈세 분야에서 단속팀의 단속 대상 업종으로 인기가 있다는 의미입니다.

물론 가구점이 전부 탈세를 한다는 건 아닙니다.

일부, 수입 가구나 대형 가구점에서 불미스러운 일이 발생했기 때문에 단속팀이 단속하고 신고를 하는 경향이 많은 편입니다.

그렇다고 가구점은 무조건 탈세를 한다는 식의 오해를 해서는 안 됩니다.

(가) 가구점을 단속하려면 탈세 확률이 높은 업체를 선택하는 게 성공률을 높이는데 유리합니다.

(나) 가구점 중에서 수입가구점이나 대형 가구점을 단속하기가 상당히 수월한 편입니다.

(다) 단속 업체를 결정했으면 사전에 답사를 해보는 게 좋습니다.
주차장, 전시장, 사무실, 취급 가구의 수준, 고가품의 가격대 등에 대한 확인이 필요합니다.

(라) 물론 필요 장비는 기본입니다.
한도액에 관계없이 사용할 수 있는 카드역시 준비해야 합니다.

(마) 제품 상담은 고가품을 선택하는 게 필수 조건입니다.
혼수품 준비를 하는 양 연출하면 손쉽게 단속을 끝낼 수 있습니다.

(바) "딸아이가 변호산데요, 시집보내기가 이처럼 힘들 줄 몰랐어요, 얼마나 까탈스러운지, 지 맘에 드는 모델 사진까지 전부 찍어서 보냈어요, 신혼집이 부산인데, 부산까지 배달해 줘야 해요, 기사님 수고비는 줄게요." 다소 수다를 떨 듯 말을 많이 하는 게 단속의 진행에 도움이 됩니다.
필요한 물품을 세밀히 고른 다음 목록(견적서)을 건네받습니다.

(사) 총 대금 중 어느 정도는 깎아서 흥정하는 게 좋습니다.
그다음 부산까지 배달 조건을 협상하고, 물품 하자 발생 시 등의 상담을 끝내고 반드시 카드로 먼저 결제를 합니다.

대금이 얼마든 반드시 일시불로 결제합니다.

(마) 그다음 딸아이한테 전화해서 결과 보고를 하는 양 연출합니다.

딸아이가 카드로 하지 말고 현금으로 하면 얼마나 더 깎아줄 건가를 물어보라 했다면서 전액 현금을 줄테니 얼마나 할인해 줄 거냐? 고 물어봅니다.

(바) 최종 금액이 결정되면 좀전에 카드 결제한 것은 취소하고 "현금 이체해 줄 테니 계좌번호를 달라"고 하면 계좌번호를 건네 줍니다. 계좌번호는 당연히 그들이 탈세 목적으로 사용하는 차명계좌입니다.

그래서 그 가구점은 차명계좌를 이용해서 탈세를 했음이 드러난 것이며, 탈세 단속은 성공적으로 끝났습니다.

● 신고 방법

인터넷 : 국세청 홈페이지(www.nts.go.kr)

서면접수 : 국세청 탈세 혐의자 관할 지방국세청이나 세무서

전화신고 : 국번없이 126번

스마트폰 : M-국세청 앱(APP)--- 탈세제보

● 포상금 지급 절차

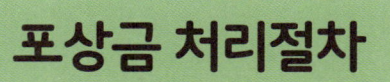

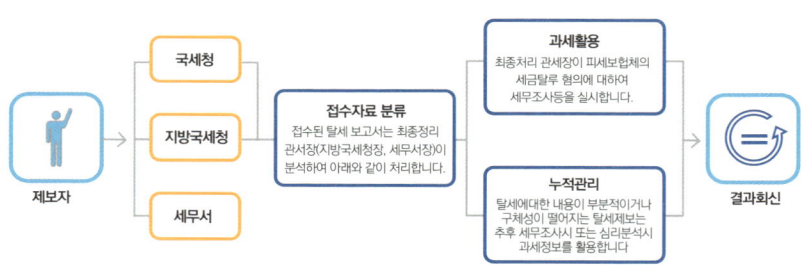

포상금 지급은 국세청이나 세무서 조사과에서 제반 조사를 끝낸 후에 탈루액이 얼마나 되는가를 확정 짓고 그에 따라 결정된 포상금을 지급합니다.

포상금은 반드시 세무서가 아닌 국세청에서 신고자에게 직접 포상금 지급 통보를 해줍니다.

포상금은 절대 현금 지급이 안 됩니다.

그 어떠한 경우든 상관없이 신고자의 금융 계좌로 국세청에서 직접 입금해 줍니다.

2. 보험범죄(나이롱환자, 가짜환자) 신고포상금

● 개 요

　보험범죄란 보험금을 받을 자격이 없는 사람이 보험금을 수령하거나, 실제 손해 보다 많은 보험금을 수령하기 위하여, 또는 보험 가입 시 실제보다 낮은 보험료를 납입할 목적으로 행동하는 걸 보험범죄라고 합니다.

　또한 고의 또는 악의적으로 행동하는 것으로 사기성 행위를 보험범죄라고 합니다.

　보험금을 노리는 범죄가 날로 증가하는 것은 우리나라 뿐만이 아닙니다.

　전 세계, 그 어떠한 나라도 예외가 아닙니다.

　지급받는 보험금이 크기 때문입니다.

　그러한 보험금을 받아내기 위한 범죄행위는 기가 막힐 정도로 발전을 거듭하는 실정입니다.

　그에 비해, 각 보험사들은 나름대로 특별 조사팀을 만들어 열심히 공을 들여서 단속하고 있습니다만 그 효과는 굉장히 미흡할 따름입니다.

　그 결과 영화나 드라마에서도 흥미로운 대상으로 다룰 만큼 보험범죄 행위는 사회에 만연해지고 있는, 참으로 안타까운 실정입니다.

　그 때문일까요?

　보험범죄를 행하는 범법자 역시 양심의 가책을 느끼기는커녕 오히려 자신들의 성공사례를 들먹이며 서슴없이 자랑까지 할 정도이니 기가 막혀 말문이 막힐 정도입니다.

　소위 말해서 범죄 불감증에 걸린 사람의 패악질이나 다름없다는 결론을 내려도 그건 결코 무리한 판단은 아닐 겁니다.

　보험범죄를 통해서 보험금을 노리는 사람의 분포는 정말이지 다양합니다.

　남녀노소를 막론하고 누구나 한 번쯤 그 유혹에 빠져본 경험이 있을 정도로 사회에 만연해지고 있음은 부인할 수 없는 현실입니다.

　특히 가벼운 교통사고를 당한 사람은 그 유혹을 뿌리치지 못하고 범죄행위 대열에 합류하기가 일쑤인 게 사실입니다.

　"병원에 누워 있기만 하면 돈이 나온다" 그러한 현실이 바로 보험범죄의 현주소입니다.

　물론 대다수의 교통사고 환자가 그렇다는 건 아닙니다.

　차량에 부딪치지 않았어도, 가볍게 스치기만 했어도, 드러눕기만 하면 돈이 나온다는 식의, 참으로 잘못된 생각 때문에 그들은 자신도 모르는 사이에 보험범죄 사기범으로 낙인이 찍힌다는 걸 모르는 현실이 안타까울 따름입니다.

암튼 우리 사회에 보험범죄가 만연해지고 있기 때문에 보험범죄 신고포상금 역시 천정부지로 올라가고 있습니다.

그로 인해 공익 단속 전문가들이 보험범죄 신고포상금 제도에 관심을 가지게 된 것입니다.

그 때문일까요 오늘날 적잖은 단속 전문가들이 보험범죄자의 뒤를 미행 중이라니..........

그래서 보험범죄 방지센터를 통해 보험범죄 행위를 신고하게 하고, 그에 따라 지급되는 포상금 덕분에 효과를 보고 있습니다.

궁극적으로 공익 단속 전문가들의 단속이 보험범죄를 막아주는데 막대한 영향을 끼치게 된 것입니다.

● 보험범죄 발생 원인

(가) 개인이 보험 회사를 상대로 행한 보험범죄를 가볍게 생각하거나, 피해액만 보상해 주면 쉽게 용서하는 관용적 태도가 문제입니다. 또한 그러한 보험범죄 행위를 아무것도 아닌, 사소한 일인 양 생각하는 사회적 인식 때문에 보험범죄 행위가 만연하고 있다는 의견을 무시해서는 안 됩니다.

(나) 적은 보험료를 내고 우연한 사고로 인하여 거액의 보험금을 받을 수 있는 보험계약의 사행성 문제도 보험범죄 행위를 양산시키는

요인임을 참고해서 그에 대한 적절한 조치가 따라주어야만 보험범죄를 막을 수 있습니다.
(다) 민원발생의 회피 및 대외적인 이미지 고려에 따라 보험범죄에 소극적으로 대처하는 문제 역시 해결해야 할 과제입니다.
(라) 고발해도 대부분 불구속 기소 또는 벌금형에 그치는 등 법적 문제 역시 구조적이나 법적으로 보강해야 할 숙제입니다.

● 보험범죄 유형

(가) 사기성 보험계약 체결시 보험가입 금액을 의도적으로 높게 책정하거나, 중복보험의 가입을 하거나, 고지의무를 위반하는 등의 방법을 사용하는 경우.
(나) 고의사고 보험금을 편취하기 위하여 고의적으로 보험사고를 유발하며 살인, 자살, 방화, 자동차 사고의 고의적 유발 등의 경우.
(다) 보험사고가 발생하지 않았는데 사고가 발생한 것처럼 보험사고를 위장하여 날조하는 경우.

(라) 사고 후 이미 사망한 사람을 피보험자로 보험 가입한 경우.
(마) 사고가 발생한 이후에 사고 일자 등을 조작하거나 변경하여 보험에 가입한 경우.
(바) 암 진단을 받고 난 후에 보험에 가입하는 경우.
(사) 보험금 편취를 위해 발생된 사고의 실제 피해보다 피해 규모를 대폭 부풀리는 경우

● 신고 대상
(가) 사기적인 보험계약 체결 행위
(나) 고의적 보험사고 유발행위(살인, 자해, 고의 사고 등)
(다) 보험사고의 허위 또는 날조 행위 (허위 진단서 발급 등)
(라) 병원 및 병원 직원 등이 공모하여 허위 부당 보험금을 청구하는 행위
(마) 발생 보험 사고의 피해를 과장하여 보험금을 과다 청구하는 행위
(바) 사고 발생 후에 보험 계약을 체결하는 행위
(사) 연령 직업 등의 중요한 사항을 고의적으로 속이고 보험 계약을 체결하는 행위
(아) 보험 사고의 중요한 결과를 교묘하게 위장하는 행위
(자) 기타 부당하게 보험계약에 따른 보험금을 받고자 하는 행위

● 사전에 유의해야 할 사항
(가) 보험범죄, 쉽게 말해 나이롱 환자 가짜 환자로 위장해서 소득과 연

결하려는 나이롱 환자의 생리부터 우선 파악해야 합니다.
나이롱 환자를 찾으려면 어느 병원에 가는 게 좋을까?
어떠한 지역에 많이 분포되어 있는가?
평균 연령층은?
그들을 미행하려면 장비와 교통편은?
단속 시간은?
이러한 사항을 심도 있게 참고해서 단속한다면 성공률을 높일 수 있습니다.

● **단속할 때 주의해야 할 사항**

(가) 단속 팀의 옷차림, 특히 상의 컬러에 신경 쓸 필요가 있습니다.
화려한 색의 옷은 절대 입지 않는 것이 좋습니다.
상대방의 눈에 확 띈다는 것은 미행하는 데 큰 걸림돌에 해당되기 때문입니다.

(나) 단속팀 인원은 가능한 많을수록 유리합니다.
받을 수 있는 포상금을 생각한다면 단속팀의 숫자는 문제가 되지 않습니다.
상대방은 한 사람이지만 그 상대방이 이용하는 교통편은 다양하다는 걸 염두에 두고 그에 대비해서 준비해야만 단속을 성공리에 끝낼 수 있습니다.
그래서 상대가 어떠한 교통편을 이용할지, 승용차나 택시, 버스, 전철, 오토바이, 심지어 자전거까지, 아무튼 상대가 어떠한 걸 이용하든 상관없이 추적하는데 어려움 없도록 사전 준비를 철저히 해야 실패하지 않습니다.

(다) 미행 추적할 때는 상대가 눈치채지 못하도록 세심한 주의가 필요한 건 기본입니다.

한 사람이 계속해서 따라가면 눈치를 채고 돌출 행동을 할 수 있습니다.

미행자를 따돌리기 위해서 상식적으로 이해할 수 없는 행동을 할 수 있다는 것입니다.

그래서 한 사람이 계속 따라가지 말고 서너 명의 팀원이 서로 교대하는 방식으로 추적하면 상대가 전혀 눈치챌 수 없습니다.

(라) 아파트에 도착해서 승강기를 탈 경우에는 한 명이 재빨리 뛰어올라가 3층에서 승강기를 타고 들어가면 상대는 1층에서 함께 탄 사람을 의식하지 중간지점인 3층에서 승강기에 들어오는 사람에 대해서는 관심 없습니다.

물론 1층에서 상대와 함께 탄 단속팀은 상대가 내리기 전에 미리 승강기에서 내리면 상대는 조금도 중간에서 탄 팀원을 의심하지 않습니다.

상대가 내리는 층에서 팀원이 함께 내려도 문제없습니다.

● 단속 전에 준비해야 할 항목

(가) 제일 중요한 장비는 역시 몰래카메라나 바디캠입니다.

증빙자료를 확보하는데 무엇보다도 꼭 필요한 준비물이기 때문입니다.
(나) 기동성을 갖추어야 상대를 미행, 추적할 수 있습니다.

그래서 승용차, 오토바이, 자전거를 준비하면 효율적으로 미행, 추적할 수 있습니다.
(다) 아파트의 승강기를 탄 팀원은 간단한 서류철을 사전에 준비하면 적잖은 도움이 됩니다.

상대방이 내리는 층에서 함께 내리면 상대의 집과 반대편 집 앞에서 준비한 서류철을 뒤적이면서 마치 관리실이나, 아니면 공무원 등으로 생각하게 하면 상대는 아무런 의심 없이 집안으로 들어갑니다.

● **구체적인 단속 방법**

(가) 사전에 알아본 정형외과나 대형병원 등의 목적지에 도착하는 시간대는 동절기엔 오후 4시, 하절기엔 오후 6시 정도에 도착하는 것이 바람직합니다.

(나) 병원 입구 로비에는 대부분 대기실이 있습니다.

대기실에 앉아 있으면 입원 환자가 나오는 걸 자연스럽게 체크할 수 있습니다.

교통사고 전문병원에는 병문안 오는 가족이나 친지, 친구가 없다는 게 공통점입니다.

왜냐면, 나이롱 환자나 가짜 환자 입장에서는 통상적으로 가족, 친지, 친구 등에게 병문안 오라는 연락을 하지 않기 때문입니다.

교통사고를 당해서 병원에 입원했다는 것이 대부분 작위적으로 이루어졌는데, 그러한 사실을 어떻게 알리겠습니까?

따라서 교통사고 전문병원에는 병문안 오는 사람이 극히 드문, 병문안 오는 사람이 없습니다.

그러한 특성 때문에 입원실에서 나오는 사람은 무조건 환자라는 결론을 내려도 틀린 판단이 아닙니다.

대기실에서 기다리는 시간대가 담당 의사가 퇴근한 시간입니다.

일부 환자는 의사나 간호사를 통해서 소위 말하는 외출증을 발급받고 병원을 나가기도 합니다.

그렇기 때문에 대기실에서 기다리는 시간에 나오는 사람은 대부분 나이롱 환자일 가능성이 높습니다.

(다) 병원에서 나온 환자를 뒤따르는 단속팀은 자연스럽게 행동해야 합니다.

연락받은 오토바이 단속팀과 승용차 팀은 동일하게 환자 뒤를 따라갑니다.

오토바이는 어떠한 경우든 추적하기에 용이하다는 기동성을 가지고 있어서 미행이나 추적에 많이 이용됩니다.

단속팀은 환자가 출입하는 곳이 어딘가를, 동영상을 통해 장소를 정확히 기록해 두어야 도움이 됩니다.

(라) 최종 목적지가 모텔이나 호텔 등의 숙박업소 이거나 주거지일 경우에는 숙박업소의 주소, 호칭, 들어가는 시간, 등을 확실히 기록해 두어야 합니다.

숙박업소나 주거지에 들어간 증빙자료만으로 입증할 자료가 충분하기 때문에 그 현장에서 곧바로 철수해도 됩니다.

(마) 숙박업소나 주거지에서 철수했을 때도 단속팀은 곧장 해당 병원에 돌아와서 환자가 돌아오는 현장의 증빙자료를 확보하기 위해 기다립니다.

(바) 병원에 환자가 돌아오는 시간과 장면 등에 대한 동영상의 증빙자료를 확보한 후에 환자를 따라 들어가면 몇 호실에 입원해 있는가를 확인할 수 있습니다.

입원실이 몇 호실인가만 확인하고 바로 철수합니다.

(사) 대개 교통사고 입원실은 4~6명이 공동으로 함께 사용합니다.

단속팀은 사전에 그 환자의 얼굴을 알고 있습니다만 그 환자는 단속 팀을 모릅니다.

그래서 단속팀이 병문안 온 사람처럼 병실에 들어가서 환자의 침대 전면에 걸려있는 환자 차트를 보면 인적 사항을 확인하는 데 도움이 됩니다.

환자가 누구인가를 쉽게 확인할 수 있습니다.

물론 병원 원무과에 가서 확인해 보아도 됩니다.

(아) 일단 환자 이름을 확인했으면 단속은 끝난 셈입니다.

그 환자가 어느 병원 몇 호실의 아무개이며, 환자가 언제 몇 시에 병원을 나와서 어느 과정을 거치며, 어떠한 외출 행동을 했는가?

최종 잠을 잤던 장소는 어딘가?

병원에 돌아온 시간은?

그 모든 과정과 제반 증빙자료(동영상)를 제출하면 신고 접수가 끝납니다.

● 포상금 지급 절차

일단 신고하면 조사 직원이 해당 병원의 환자를 찾아가서 모든 증빙자료를 제시하고 보여주면서 환자가 보험범죄 행위를 한 사실 여부를 조사 확인합니다.

그 환자가 보험범죄행위를 했다는 결과가 나오면 포상급 지급도 결정됩니다

3. 원산지 허위표시 신고포상금

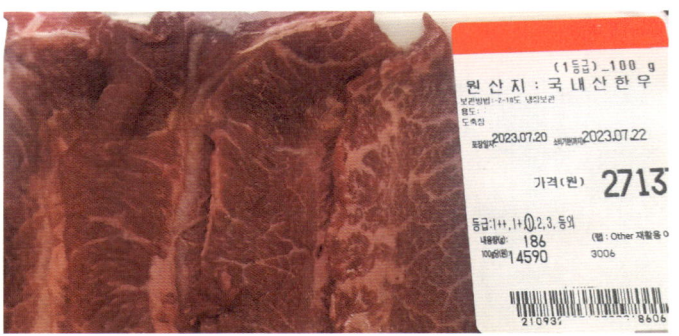

● 개 요

　원산지 표시를 허위로 조작해서 표기하는 행위는 우리 주변에서 다반사로 이루어지는 불법행위인데도 불구하고 세인들은 대부분 그에 대한 관심이 없습니다.
　마치 관행처럼 여기거나 관심조차 없습니다.
　특히 육류, 어류, 식자재를 비롯한 많은 제품에 대한 원산지를 허위로 표기하는 상행위는 소비자의 이맛살을 찌푸리게 할 뿐 아니라 관심 있는 사람들을 분노하게 합니다.
　정부에서도 이러한 폐단을 없애기 위해 팔을 걷어붙인 결과가 바로 원산지 허위표시 신고포상금 제도입니다.
　적잖은 포상금을 지급하는 이 제도의 단속을 하려면 꼭 알고 시작해야 할 것이 바로 어떠한 제품에 대한 허위표기 행위가 많은가를 우선 분석해야 합니다.

  그래야만 공익 단속 전문팀이 단속하는데 참고할 기초적인 자료를 확보할 수 있습니다.

● **단속 전에 유념해야 할 사항**

  단속할 제품에 대해 전문가의 조언이 반드시 필요합니다.
  물론 단속할 제품에 대한 상세 정보도 필요합니다.
  손쉽게 단속할 제품은 우리 주변에서 많이 판매되고 있습니다.
  그러나 흔하지 않은 제품, 즉 우리가 손쉽게 단속하기 어려운 제품에 대해서는 소비자나 공익 단속 팀에서도 별 관심이 없습니다.
  냉정히 따지고 보면 우리 주변에 흔하게 유통되는 제품보다는 손쉽게 접하기 어려운 제품의 단속이 훨씬 유리합니다.

● **단속할 때 주의해야 할 사항**

(가) 원산지 허위 표시 단속을 하려면 상당히 정밀한 단속 방법, 소위 말해 특별 미행을 해야만 증거 자료를 확보할 수 있습니다.
    실정법을 위반하며 불법 유통으로 많은 이익을 남기는 상대방은 나름대로 치밀한 작전에 의해 유통시키고 있기 때문에 그들의 범법행위를 추적하여 증거를 수집한다는 것은 참으로 어려운 일입니다.
    따라서 오토바이, 자전거, 화물차, 승용차, 망원경, 워키토키, 몰카, 바디캠, 고성능망원렌즈 등의 장비를 준비해야 합니다.

특수 장비 사용법에 대한 사전 연습도 필요합니다.

또한 단속에 대한 예행연습도 반복해서 해보는게 좋습니다.

(나) 원산지가 어디인가를 밝혀야 하기 때문에 유통과정을 철저히 확인해야 합니다.

　이 경우 상대방이 눈치를 채고 경계를 하면 그 단속은 더 이상 진행할 수 없습니다.

결론적으로 그 단속은 초기에 실패한다는 의미입니다.

그만큼 미행 단속은 어렵습니다.

● 단속 전에 준비해야 할 항목

원산지 허위 단속은 여타 신고포상금 제도와는 달리 특이하기 때문에 더 많은 특수 장비가 필요합니다.

그래서 미행하는 데 오토바이를 사용합니다.

왜냐면 원산지 허위 단속은 반드시 화물차량의 뒤를 따라야 하기 때문입니다.

기본 장비 외에도 워키토키, 특수한 광폭 렌즈, 1톤 화물차, 자전거, 고성능망원경 등을 준비해야 합니다.

● 구체적인 단속 방법

(가) 우선 단속 대상 품목을 선정합니다.

　또 그 품목을 판매하는 장소가 어디에 있는가 장소를 확인해야 합니다.

(나) 원산지 허위 단속은 공급업체부터 시작하는 게 아닙니다.

판매 업체부터 반대로 치고 올라가는 게 원칙입니다.

(다) 판매 업체의 메뉴판이나 간판 등에 표기된 원산지 표시를 확보하는 것도 중요한 첫 번째 순서입니다.

원산지 표시를 확인해서 증거로 확보하려면 몰래카메라나 바디캡을 활용하면 간단히 증거를 확보할 수 있습니다.

그렇다고 쉽게 생각해서 일반 핸드폰 카메라를 이용하는 건 참으로 위험한 발상입니다.

누구든 이상하게 생각할 수 있기 때문에 다소 귀찮아도 반드시 몰카나 바디캡을 사용하는 게 좋습니다.

(라) 차량을 대기시키고 물품 배송 차량이 올 때까지 기다릴 장소를 선택하는 게 단속의 시작입니다.

배송 차량이 오고 가는 걸 확인하고 뒤따르기 좋은 장소를 물색해서 결정해야 합니다.

물론 오토바이도 인근에 대기시킵니다.

(마) 물품 배송은 대부분 오전 일찍 시작할 확률이 높습니다.
화물차가 도착하면 즉시 망원렌즈로 물품 하차하는 장면을 촬영해서 증거를 수집합니다.

(바) 물품 하차가 끝나는 즉시 화물차를 따라갈 준비를 합니다.

(사) 화물차가 출발하면 오토바이가 그 화물차량을 먼저 추적합니다.
오토바이가 화물차량을 따라가면 대기 중인 승용차가 오토바이 뒤를 따라 출발합니다.

(아) 화물차가 도착하는 장소는 대부분 냉동 창고나 일반 물류창고일 가능성이 높습니다.

(자) 어쨌든 화물차가 도착한 장소가 냉동 창고나 일반 물류창고임이 확인되면 그때까지 추적했던 화물차는 단속팀의 대상에서 제외됩니다.

(차) 냉동 창고나 물류창고에 대한 상세 확인은 인근 사람들이나 부동산 사무실을 통해 알아보는 게 용이합니다.
또한 화물차가 소속된 회사가 어떠한 회사인가를, 특히 사업자등록이나 등기부등본 등을 통해 주 업무가 어떤 것인가, 취급하는 제품의 품목이 무언가를 확인합니다.

(카) 그 회사의 주 사업 아이템이 어떠한 것인가도 파악합니다.
어떠한 물품을 수입하는가를 확인하면 모든 상황은 끝납니다.
결론적으로 그 회사가 수입해서 판매하는 제품이 무엇인가를 알았다면 단속 실마리는 풀린 겁니다.

(타) 수입한 물품을 공급받아서, "수입품"을 판매하는 업체의 원산지 표시가 "국내산"으로 표기되어 있다는 것이 문제입니다.

그 물품을 공급하는 회사는 수입 전문 회사입니다.

그렇다면 그 물품을 판매하는 업체 역시 "수입품 판매"업체임이 분명합니다.

그런데 그 "수입품"을 "국내산"이라고 허위로 표기한 것은 잘못입니다.

값이 저렴한 수입품을 공급받아서 "국내산"이라고 허위 표기하여 많은 이익을 남긴 그 업체는 원산지를 허위로 표기하는 범법 행위를 한 것입니다.

수입품을 공급받아서 "수입품"을 "국내산"이라고 허위 표기했다는 결론입니다.

단속팀은 그 사실에 대한 증거를 농수산물 품질관리원에 제출하고 신고함으로 공익 단속 전문팀의 단속은 성공한 겁니다.

● 포상금 지급 절차

농산물품질관리원에 위법 사항을 신고하면, 사실 확인 조사를 우선 먼저 합니다.

사실 확인 조사가 끝나면 경찰이나 검찰에 고발합니다.

고발 접수받은 경찰이나 검찰에서 철저한 수사를 하고 사건을 종결 지으면, 그 통보를 받은 농산물품질관리원에서 신고자에게 포상금을 지급합니다.

4. 사무장병원 신고포상금

● 개 요

　사무장병원은 내부 고발자가 아니고는 위법 사실을 알 수 없는, 아주 특별한 구조적 시스템에 의해 운영됩니다.
　아무리 유능한 공익 단속 전문팀이 단속한다고 해도 쉽사리 사무장이 운영하는 위법 증거를 확보하기란 힘듭니다.
　사무장병원은 병원장과 사무장 사이에 은밀히 이루어진 불법 병원입니다.
　그래서 병원에 근무하는 직원도 이 사실을 잘 모를 정도로 감쪽같이 속아 넘어가기가 십상입니다.

대부분 사무장병원은 근무하고 있는 직원조차 공범 관계로, 끈끈히 연결되어 있는 게 특징입니다.

따라서 내부 고발은 전혀 기대할 수 없습니다.

● **사무장병원의 사례는 다음과 같습니다.**

사무장(비의료인)이 건물과 각종 의료장비 제공 및 운영을 책임지고 의료인(의사)은 매월 일정 금액의 보수를 지급받는 조건으로 자신의 명의로 운영되는 병의원의 경우.

비의료인(사무장)이 비영리법인의 명의를 빌려 의료기관을 개설하고, 비영리법인 대표자는 명의대여 수수료를 정기적으로 지급받는 경우.

비의료인이 의료기관 설립 목적으로 허위 또는 부정한 방법으로 의료법인 설립 인가를 받고 이사장으로 등재한 후 의료기관을 설립하여 운영하는 경우.

● **사무장병원의 구분 방법은?**

비의료인(사무장)이 의료기관 직원의 근로계약 등을 주도하는 경우.

비의료인이 의사에게 의료기관 공동투자, 운영을 제안하는 경우.

비영리법인 명의로 개설된 의료기관의 실질적 개설, 운영 주체가 법인이 아닌 제3자인 경우.

의료기관 개설자가 자주 바뀌는 경우.

비의료인이 의료 행위에 관여하고 있는 경우.

개설 의사 변경에도 불구하고 사무장(직원)이 계속 근무하는 경우.
환자 진료비 감면, 차량 운행 등의 교통 편의를 제공하는 경우.

● **단속할 때 주의해야 할 사항**

(가) 사무장병원의 실태를 우선 파악해야 단속하는데 도움이 됩니다. 사무장병원 여부를 간접적으로 확인하기란 불가능합니다. 따라서 사무장병원 시스템으로 운영될 가능성이 농후한 병원을 찾는 게 급선무입니다.

(나) 사무장병원으로 보여지는 병원을 방문해서 단속할 때는 누가 보아도 환자처럼 보일 만큼 연출을 잘 해야 합니다.

(다) 병원 내부에서 누구와 대화를 하든 병원의 전문용어를 사용해서는 안 됩니다.

● 단속 전에 준비해야 할 항목

(가) 사무장병원 체제로 운영하는 병의원의 원장은 대부분 고령자 일 가능성이 많습니다.

그 사실을 염두에 두고 단속 대상을 찾아야 합니다.

병의원 속성 상 성형외과 병의원이 그러한 영업 형태로 운영될 가능성이 높은 편이라는 정보도 참고할 필요가 있습니다.

(나) 대형 광고가 아닌 소규모 광고라도 광고를 많이 내는 병의원을 목표로 삼는 것도 단속 대상 의원을 찾는 데 도움이 됩니다.

(다) 단속 대상인 병의원을 방문해서 접수, 진료를 받고 카운터에 비치된 명함, 안내 책자 등의 자료를 확보하고 진료비는 신용카드로 결제합니다.

카드 영수증을 받은 후에 적당한 핑계를 대고 카드 결제를 취소합니다.

그다음 병원장의 인적 사항을 체크합니다.

병원 내부에 병원장의 의사 면허증이 반듯이 걸려있기 때문에 병원장의 의사 면허증 사진과 신상에 대한 사실 확인을 할 수 있습니다.

그 후 병원장의 진료를 받으면서 면허증 사진과 실제 인물이 동일한가를 확인합니다.

(마) 원장과 실제 진료를 하는 의사가 동일 인물이 아닌 경우가 바로 사무장병원에 해당됩니다.

사업자등록, 의사면허증, 카드 영수증, 의사 면허가 없는 사람이 진료행위를 하는 것에 대한 증빙자료를 확보해서 신고 시에 제출합니다.

무면허 행위를 했던 사람에 대한 증빙자료 역시 신고할 때 제출해야 합니다.

● 구체적인 단속 방법

(가) 병의원을 방문할 때는 위장 환자를 대동하고 자연스럽게 행동하는 게 좋습니다.

(나) 진료환자 작성 접수 용지에는 가급적 실제 인물의 인적 사항을 사실대로 기록해야 합니다.

(다) 카운터 부근에 원장의 의사 면허증이 걸려있는 걸 확인하고, 그 면허증을 상세 촬영해서 증빙자료를 확보합니다.

원장실에 들어갈 때는 환자의 보호자로 위장한 단속팀이 동행합니다.

(라) 준비해 간 몰카나 바디캠을 작동시켜서 필요한 증빙자료를 확보하는데, 특히 진료 원장의 인상을 정확히, 가능한 크게 촬영하는 게 중요합니다.

(마) 진료원장의 개인 명함을 요구해서 확보하는 것도 잊지 말아야 합니다.

(바) 불필요한 검사는 적당히 거부합니다.

(사) 진료비용을 카드로 결제합니다.

(아) 영수증을 건네받은 후 핑계를 대고 현금으로 결제하겠다면서 카드

결제한 걸 취소합니다.

(자) 사업자등록상 원장이 누구인가?

(차) 카드 결제 시 대표자가 누구인가?

(카) 진료원장의 인적 사항은?

(타) 면허증의 의사 인적 사항은?

위와 같은 사항을 빠짐없이 확인할 증거를 확보함은 물론이고, 위 "(자)" ~ "(타)"까지의 사항이 전부 동일인이면 사무장병원이 아닙니다.

그렇지만 동일인이 아니라면 그 병원은 사무장병원임이 확실합니다.

그 사실을 근거로 신고하면 단속 상황은 성공리에 막을 내리게 됩니다.

5. 불법 다단계업체 신고포상금

● 사전에 유념해야 할 사항

(가) 다단계업체가 무조건 불법이라는 건 아닙니다.
영업 형태나 사업 진행 과정이 불법으로 운영될 때, 그 업체를 불법 다단계업체라고 부르는 것입니다.
(나) 다단계업체를 단속하려면 우선 그 업체가 어떻게 불법 영업을 하는가를 육하원칙에 의해 사실 조사를 해야 합니다.
(다) 금융감독위원회에 다단계업체 신고를 했다고 해서 그 업체가 무조건 금융감독위원회로부터 다단계업체로 허가받은 게 아닙니다.
대부분의 불법다단계업체가 금융감독위원회에 다단계업체 신고를 하고 그 다단계업 신고서를 내세워서 "자기 회사는 금융감독위원회에서 허가받은 회사"라는 식으로 허위 과장광고를 합니다.

물론 그 말은 전부 새빨간 거짓말입니다.

금융감독위원회에 다단계업체 등록 신고를 하는 것은 허가를 받는 게 아니고 단지 다단계사업을 하려면 일단 금융감독위원회에 다단계 사업 신고를 하게 되어있으며, 이 신고는 단지 다단계 사업을 하겠다는 형식적 요식행위일 뿐 절대로 허가를 해주는 게 아닙니다.

불법 다단계 업체는 이러한 신고를 마치 다단계업체 사업을 허가받은 것인 양 신고서를 보여주면서 영업합니다.

현혹당하지 않도록 조심해야 합니다.

(라) 불법 다단계업체는 대부분 어느 특정 지역에 몰려있는 게 상식입니다.

예를 들자면 부산의 연산동 인근이라든가 서울의 테헤란로 이면도로 부근에 주로 많이 몰려 있는 게 사실입니다.

(마) 불법 다단계업체는 공범 관계가 형성된 사람들을 유인하여 모집해서 조직을 꾸리고, 끌어들인 그 조직원들을 상대로 특별 교육을 시켜서 영업하는 게 특징입니다.

그렇지만 항간에서는 불법광고를 통해 피해자를 계속 양산시키고 있어서 사회적 문제로 부각되고 있음이 현실입니다.

그렇기에 불법 다단계업체는 사회에 커다란 암적 존재입니다.

불법 다단계업체는 국가적 차원에서 반드시 뿌리뽑아야 마땅할 것입니다.

  그래서 금융감독위원회는 포상금을 지급하니 뜻있는 사람들의 신고를 당부하고 있습니다.

  또한 포상금도 대폭 인상해서 많이 지급하고 있습니다.

● 단속할 때 주의해야 할 사항

(가) 불법 다단계 업체는 매사에 조심하고 경계하기 때문에 불법 다단계업체를 단속하려면 특수한 장비가 반듯이 필요할 뿐 아니라 철저한 준비가 필요합니다.

    주변에서 손쉽게 구할 수 있는 바디캠이나 몰카를 들고 불법다단계를 찾아갔다가는 낭패보기가 십상입니다.

    그 때문에 불법 다단계업체와 다툼이 발생할 수 있으니 각별히 조심해야 합니다.

(나) 불법 다단계 업체는 출입구에 몰카 탐지기를 설치합니다.

    몰카를 소지하고 들어오는 단속팀을 막아보려는 속셈입니다.

    그 점을 감안해서 몰카 탐지기를 피할 수 있는 특수 카메라를 사용해야 단속을 성공리에 끝낼 수 있습니다.

(다) 뿐만 아니라 불법 다단계업체에서 근무 중인 사람을 포섭하여 공동 단속을 펼치면 손쉽게 양호한 수확을 거둘 수 있습니다.

● 단속 전에 준비해야 할 사항

(가) 불법 다단계업체를 성공적으로 단속하기 위해서는 꼭 특수 장비가

필요합니다.

특수 장비는 손가락 사이에 끼고 사용하는 소형 몰카나, 아니면 의복의 단추 부위에 장치해서 사용하는 단추 카메라나, 안경 카메라를 활용한다면 어렵지 않게 제반 증빙 자료를 확보할 수 있습니다.

(나) 불법 다단계업체는 조직이 잘 되어있는 업체입니다.

따라서 그 조직원 중 한 사람만 포섭해도 누워서 떡 먹기 보다 더 쉽게 필요한 증거를 수집할 수 있습니다.

조직원을 포섭하는 것도 어렵지 않습니다.

광고를 내고 사람을 끌어들이거나 불특정 다수인을 상대로 영업하는 불법 다단계업체의 속성은 예상외로 간단합니다.

누구든 가리지 않고 손을 내밀고 유혹한다는 사실이 불법다단계업체의 실상 입니다.

그래서 불법 다단계 업체의 주변에서 조직원을 포섭하기란 쉽다는 것도 사실입니다.

그러한 방법이 맘에 안 들 경우에는 직접 광고를 보고 찾아온 사람인 양 위장해서 그 업체의 직원을 포섭하는 것도 좋습니다.

그 사람을 포섭하면 쉽게 단속할 길이 열립니다.

만일 그 업체 직원을 포섭하는게 실패하더라도 그 후유증이나 부작용은 걱정하지 않아도 됩니다.

● **구체적인 단속 방법**

(가) 포섭 직원을 활용하지 않을 경우에는 사무실을 방문할 때 반드시 간판부터 촬영합니다.

(나) 사무실에 들어가면 안내 직원의 환영을 받습니다.
그 직원의 명함을 받는 것 잊어버리면 안 됩니다.

(다) 상담실로 안내받으면 상담직원의 명함도 받고 그 직원을 통해 제반 안내 책자나 설문지 등을 받아야 합니다.
특히 법인등기부등본이나 사업자등록, 다단계업 신고서 등을 받아두면 좋습니다.
상담할 때 대화 내용을 녹취하거나 동영상 촬영하는 것도 중요합니다.

(라) 대표자와 직접 면담해야 하며, 그 대표와 상담한 내용 역시 녹취 및 동영상 촬영을 해야 합니다.

(마) 불법 영업의 증거를 반드시 확보해야 단속을 성공리에 끝낼 수 있습니다.

(바) 불법 영업의 증거인 상담직원이나 대표와 상담한 내용을 빠짐없이 확보했다면 단속은 성공한 셈입니다.

(사) 일단 확보한 증빙 자료를 포함해서 제반 서류 사본과 함께 금융감독위원회에 신고하면 단속은 종결됩니다.
물론 동영상 자료도 함께 제출합니다.

● 신고 방법은?

신고는 다음과 같은 방법으로 할 수 있습니다.

(가) 인터넷 : 금융감독위원회 홈페이지 (https://www.fss.or.kr)

(나) 서면접수 : (30102) 세종특별자치시 도움5로 20
　　　　　　　정부세종청사 7동, 국민권익위원회

(다) 전화 : 팩스 신고 : 044-200-7972

※ 포상금 지급 절차

　금융감독위원회의 사실 확인이 끝나고, 신고당한 업체가 불법 다단계업체로 최종 판결이 나면 즉시 사법당국에 고발함과 동시에 포상금 지급 절차가 시작됩니다.

6. 약사법 위반 신고포상금

● 개 요

　우리 주변의 많은 약국에서 행해지는 불법행위에 대해 관심을 기울이는 사람은 흔치 않습니다.
　그 이유는 약국의 불법행위로 인해 직 간접 피해를 입은 사람이 많을 수 있겠지만, 나 자신이 그 피해를 입은 피해자도 아닌데 왜 그런데 신경 쓰나?는 식으로 관심이 없습니다.
　그래서 뭇사람들은 약사법 정도를 아무것도 아닌 것으로 간주하기가 십상입니다.
　그 때문일까요?
　약사법을 위반하는 약국에 대한 불감증(?)에 사로잡혀 있다고 해도 과언이 아닐 만큼 무관심하다는 게 사실입니다.
　그래서 우리는 약국에서 발생하고 있는 불법행위에 대해 경각심을 가지고 신중히 관찰하며 잘못된 관행(?)을 바로잡자는 취지로 약사법 위반에 대한 단속에 관심을 가지기 시작했습니다.

● **약국 관련 위반 사례는 다음과 같습니다.**
(가) 허가받지 않은 의약품을 판매의 목적으로 저장하거나 진열하는 행위
(나) 대체조제 내용을 환자에게 통보하지 않는 행위
(다) 복약지도를 하지 않는 행위
(라) 의사의 동의 없이 처방을 변경하여 조제하는 행위
　　이러한 행위는 고의가 아닌 실수로 인하여 처방전과 다르게 조제했더라도 변경 조제에 해당됩니다.
(마) 약국 내에서 무자격자의 의약품 조제 판매하는 행위
(바) 약국 이외의 장소에서 의약품을 판매하는 행위
(사) 약국에서 허용된 광고 사항 외의 광고를 하는 행위
(아) 규격품이 아닌 것 (한약)을 판매의 목적으로 저장하거나 진열하는 행위
(자) 유효 기간이 경과한 의약품을 판매의 목적으로 저장하거나 진열하는 행위
차) 의약품을 개봉해서 판매하는 행위
카) 마약류 저장시설 점검부 미작성 행위
타) 의약품의 용기나 포장에 판매 가격을 표시하지 않는 행위
파) 폐기 명령받은 의약품을 조제 및 판매의 목적으로 저장하거나 진열

하는 행위

위와 같은 일반적인 위반 사항을 단속하기란 쉽지 않습니다.

왜냐면 공익신고 단속팀이 약국에 상주할 수 없기 때문입니다.

따라서 약국의 위법 사항 중에서 가장 문제가 심각하다고 여겨지는 무자격자, 소위 말해 "비약사"를 고용해서 의약품을 조제하게 하는 불법행위를 단속하는 것이 바로 약국 단속의 핵심입니다.

● 단속할 때 주의해야 할 사항

(가) 약국의 불법 행위 중에서 무자격자가 (비 약사) 조제 행위를 하는 약국을 먼저 찾아야 합니다.

(나) 비약사가 조제하는 행위를 찾는 건 어렵지 않습니다.

어느 약국에 가든 그 약국 내에서 조금만 앉아 있으면 비 약사가 조제하는 걸 확인할 수 있습니다.

가령 손님이 처방전을 가지고 약국에 들어오면 약사나 직원이 처방전을 접수합니다.

접수받은 약사가 처방전을 가지고 직접 조제를 해야 정상입니다.

그러나 처방전을 접수한 약사가 조제실에 대기하고 있는 직원에게 처방전을 건네줍니다.

그 처방전을 건네받은 직원이 조제실에서 조제를 하는 데, 이 경우 가장 중요한 것은 처방전을 건네받은 직원이 약사 면허를 가진 약사인가, 아니면 약사 면허가 없는 무자격자인 소위 말해 "비 약사"인가 그것이 중요합니다.

그 걸 확인하는 방법은 약국 벽에 붙어있는 약사 면허증을 보면 금방 정상인가 비정상인가를 알 수 있습니다.

약사 면허증이 한 사람의 것만 걸려있다면 그 약국에서 근무 중인 약사는 한 사람뿐입니다.

그렇다면 그 약국에서 근무 중인 사람은 한 사람만 제외하고 다른 사람은 모두 '비 약사"라는 사실입니다.

처방전을 접수한 사람이 약사라면 처방전을 건네받고 조제실에서 조제하는 사람은 약사가 아닌 "비 약사"라는 것입니다.

(다) 비 약사의 인적 사항을 확인해야 신고할 수 있습니다.

그래서 비 약사가 처방전을 건네받고, 그 사람이 직접 조제하는 장면을 촬영한 동영상의 증거가 있어야만 그 약국의 불법 행위를 신고할 수 있는 겁니다.

따라서 고성능 최첨단 몰카를 준비해야 감쪽같이 증거를 수집할 수 있습니다.

물론 약국에서 공익신고 단속팀의 단속을 눈치챈다면 그 단속은 더 이상 진행할 수 없습니다.

● 단속 전에 준비해야 할 항목

(가) 인근 병원에서 정상적인 처방전을 받아야 합니다.
(나) 손가락 사이에 간단히 끼고 사용할 최첨단 몰카를 준비합니다.
(다) 함께 단속할 팀원을 확보해야 합니다.
(라) 강아지나 공, 풍선 등의 소품을 준비합니다.
(마) 의복에 장착할 몰카나 안경카 메라를 준비합니다.

● 구체적인 단속 방법

(가) 인근의 병의원에서 정상적인 처방전을 받습니다.
(나) 약국에 들어가지 전에 준비한 몰카를 작동시켜서 정상인가를 확인합니다.
(다) 처방전을 약국에 접수 시킵니다.
(라) 반드시 약국의 벽에 걸려있는 약사 면허증을 보고 약사가 누구인가 확인합니다.
(마) 약국에 걸려있는 약사 면허증 숫자와 근무 직원의 숫자가 동일하면 그 약국은 정상입니다.
약사 면허증이 한 사람의 것만 걸려 있는 데도 조제실에 다른 사람이 조제를 하고 있다면 바로 그러한 경우가 문제입니다.
그 약국은 틀림없이 비 약사를 통해 불법 조제를 하고 있음이 밝혀진 것입니다.
(바) 정상적으로 약 값을 카드로 결제하고 영수증을 받습니다.
(사) 처방전을 비 약사에게 전달해 주는 장면을 촬영합니다.

이러한 불법 조제를 하는 약국은 대부분 조제실의 비 약사가 보이지 않도록 칸막이를 이용해서 가려져 있습니다.

그렇다면 조제실에서 비 약사가 조제하는 장면을 어떻게 촬영할 수 있을까의 문제가 관건입니다.
(아) 비 약사가 처방전을 건네받기 위해 잠시 조제실 밖으로 나올 때 재빨리 비 약사의 얼굴을 촬영하는 건 가능합니다.
(자) 그러나 비 약사가 조제실 밖으로 나오지 않고 약사가 조제실로 들어가서 처방전을 건네준다면, 단속팀 역시 직접 조제실로 들어가서 증거를 포착하는 길 밖에 다른 방도가 없습니다.

그래서 단속팀의 단속 비법과 기술이 필요한 겁니다.
(차) 강아지를 이용한 단속은 사전에 대동한 강아지가 그 조제실로 들어가도록 목줄을 풀어주면서 시작됩니다.

잠시 후에 강아지가 조제실로 들어갑니다.

그때 단속팀은 강아지 이름을 부르며 강아지를 붙잡기 위해서 조제실로 빨리 들어갑니다.

그러한 동작은 그 누구든 제지할 시간도 없는, 순식간에 발생하는 돌발 사건이라 할 수 있습니다.

이처럼 순식간에 일어나는 행동을 이상하게 생각할 사람은 없습니다.

물론 조제실로 들어간 단속팀은 강아지를 잡으려는 행동과 함께 자연스럽게 조제하고 있는 비 약사의 조제 행위와 얼굴 등을 상세히 촬영합니다.

(카) 강아지를 대동하기가 어려운 경우에는 공을 가지고 놀다가 그 공이 조제실로 들어가도록 던집니다.

그 공을 찾기 위해 단속팀은 자연스럽게 조제실로 들어갑니다.

물론 공을 줍기 위한 행동이지만 단속팀 입장에서는 꼭 필요한 증거를 확보하기 위한 비법입니다.

(타) 이상과 같은 상황을 촬영해서 제반 증거를 확보했다면 그 약국에서 비 약사를 통해 불법 조제하는 행위를 적발하는 단속은 성공한 것입니다.

이러한 증빙 자료를 증거로 제시하고 신고한다면 그 어떠한 경우든 실패하지 않고 반드시 성공할 수 있습니다.

(파) 별도로 어린아이를 대동하고 들어가서 아이가 가지고 놀던 풍선이 조제실로 들어가게 한 다음에 그 풍선을 잡으러 조제실에 들어가는 방법도 다소 특이하지만, 그 방법 역시 성공률이 높은 편입니다.

● 신고 방법

약국의 관할 보건소 의약과를 방문해서 직접 신고합니다.

당연히 제반 증빙 자료를 가지고 가서 제출해야 됩니다.

신고한 후 신고를 접수한 담당자의 인적 사항을 반드시 메모해야 하는 건 상식입니다.

7. 유사수신 행위 신고포상금

● 개요

　유사수신 행위를 규제하는 법은 선량한 거래자를 보호하고 건전한 금융질서를 확립함을 목적으로 시행하는 제도입니다.

　이 법에서 "유사수신행위"란 다른 법령에 따른 인가나 허가를 받지 아니하거나 등록이나 신고 등을 하지 않고 불특정 다수인으로부터 자금을 조달하는 것을 주업으로 하는 행위로서 다음에 해당하는 걸 말합니다.

(가) 장래에 출자금의 전액 또는 이를 초과하는 금액을 지급할 것을 약정하고 출자금을 받는 행위

(나) 장래에 원금의 전액 또는 이를 초과하는 금액을 지급할 것을 약정하고 예금이나 적금, 부금, 예탁금 등의 명목으로 금전을 받는 행

위

(다) 장래에 발행가액 또는 매출가액 이상으로 재매입할 것을 약정하고 사채를 발행하거나 매출하는 행위

(라) 장래에 경제적 손실을 금전이나 유가증권으로 보전하여 줄 것을 약정하고 회비 등의 명목으로 금전을 받는 행위

(마) 주식 및 오일 선물, 부실채권 매입 등 투자 사업을 가장하여 고리의 이자를 미끼로 자금을 모집하는 행위

(바) 부동산 개발 사업을 가장하여 고수익을 미끼로 자금을 모집하는 행위

(사) 소자본창업을 가장하여 고수익을 미끼로 자금을 모집하는 행위

(아) 운동기구 판매 등의 다단계 판매업체를 가장하여 고수익을 미끼로 자금을 모집하는 행위

(자) 누구든지 유사수신행위를 하기 위해 불특정 다수인을 대상으로 영업에 관한 표시 또는 광고를 해서는 안 됩니다.

(차) 누구든지 유사수신행위를 하기 위해 그 상호 중에 금융업으로 인식될 수 있는 명칭으로서 대통령령으로 정하는 명칭을 사용해서는 안 됩니다.

● 유사수신행위의 특징

(가) 정상적인 영업 수익으로는 고수익 지급(월 3%, 연 36%)이 불가능한데도 불구하고

은행 등 제도권 금융회사(연 3~4%)에 비해 터무니없이 높은 이자(수익금)를 지급할 것을 약속합니다.
(나) 일간지나 생활정보지 등에 '투자원금 보장' '고수익 보장' '월수익금 확정 지급' 등의 문구로 광고를 하여 투자금을 모집합니다.
(다) 적법한 업체로 인식되기 쉽도록 **조합, **금융, **투자, 등 제도권 금융회사와 유사한 명칭을 사용합니다.
(라) 투자 업체에 대해 기존 투자자 또는 투자 모집책들을 소개, 권유로만 알 수 있거나, 전화로 대표자 이름, 주소, 영업내용 등을 문의할 경우 명확히 밝히지 않고 회사로 찾아오면 직접 상담해 주겠다는 식으로 철저히 보안을 유지합니다.

● 사전에 유념해야 할 사항

(가) 유사 수신업체로 의심스럽게 보인다고 무조건 신고할 수는 없습니다.
우선 유사수신행위로 여겨지는 의심 업체로부터 투자권유를 받은 경우 서민금융 119 (s119.fss.or.kr)에서 제도권 금융회사 여부를 확인해 보는 게 가장 중요합니다.
또한 반드시 금융감독원 (국번 없이 1332)에 조회 및 상담을 통해 사실 확인을 하는 것도 단속에 도움이 됩니다.
(나) 광고나 다단계업체를 통해 자금을 끌어들이는 유사 수신업체를 탐방 및 조사해서 기본 자료를 확보해야 합니다.

● 단속 전에 준비해야 할 항목

단속 대상 업체의 자료를 확보하는 게 중요합니다.

특히 단속 대상 업체의 기본 자료 외에도 상담실 위치나 강의실에 대한 정보 등에 대해 상세히 검토하고 모든 걸 파악해야만 단속을 시작할 수 있습니다.

물론 특수장비를 기본으로 준비해야 할 것이며, 강의실의 실내가 어두울 거라는 점을 감안해서 적외선 특수 카메라도 준비하는 게 좋습니다.

단속 현장에서는 절대로 톡톡 튀는 언행을 하지 않도록 조심해야 합니다.

그 분야의 전문가처럼 보여서도 안 됩니다.

자연스러우면서도 어리숙한 표정과 무언가 부족해 보이는 행동을 하면 상대방은 조금도 단속팀을 의심하거나 경계하지 않습니다.

그렇게 행동하면 그만큼 성공률도 높아집니다.

옷차림 역시 서민적으로 갖추는 게 단속하는데 훨씬 유리합니다.

● 유사수신 범죄 사례

(가) 서울에 사는 H씨는 대부업을 하는 I사에 투자할 경우 고리의 이자를 지급한다는 투자권유를 받고 3회에 걸쳐 총 2억 8천만 원을 투자했으나 얼마 지나지 않아 당초 월 4% 이상 지급하기로 약정한 이자 지급이 중단되었습니다.
  이에 투자자 H씨는 원리금을 상환해 줄 것을 요구하였으나 I사는 원리금 상환을 하지 않고 일방적으로 사무실을 폐쇄하고 잠적하여 피해버렸습니다.
(나) 서울에 사는 S씨는 주식 등 자산운용 사업을 하는 R사에 투자할 경우 고수익을 보장한다는 투자 권유로 2년 약정으로 투자한 후 연 18%의 확정수익금을 받으려고 사무실을 방문하였지만 R사는 사무실도 없어지고 찾을 수도 없었습니다.

● **구체적인 단속 방법**

(가) 상대 업체는 불특정 다수인을 상대로 광고를 낼 뿐 아니라 가능한 많은 사람을 끌어들여야만 그중에서 강의를 듣거나 상담을 통해서 서슴없이 자금을 투자할 사람을 구할 수 있기 때문에 광고를 보고 방문하는 사람에 대해서는 별 의심을 하지 않습니다.
  우선 소개를 받고 왔다든가, 아니면 광고를 보고 왔다는 식으로 대상 업체를 방문합니다.
(나) 정해진 수순대로 우선 강의를 받는 것이 단속을 수월하게 진행시킬 수 있는 첫 단계입니다.
(다) 강의 받는 사람들에 대한 태도나 호응도에 따라 상대 직원들의 관

심을 끌 수 있습니다.

따라서 박수도 치고 진지하게 강의를 듣는 태도를 연출해야만 상대 업체 직원들이 더 호감을 갖게 됩니다.

(라) 그처럼 단속팀에게 관심을 가진 직원은 단속팀을 상담실로 안내합니다.

그렇게 시작한 상담은 굉장히 쉽고 간단히 끝납니다.

(마) 그들의 목적은 돈을 투자하게 만드는 것이기 때문에 그들의 설명을 들으면서 "강의를 듣고 감동을 많이 받았다"라는 식으로 맞장구를 치면 그들은 즉각 그럴듯한 투자 유혹을 시작합니다.

(바) 그들의 핵심 포인트는 투자금이 어느 수준인가에 달려있기 때문에 단속팀은 서로 합동작전을 펼치면서 그들의 목적대로 투자금을 다소 많이 책정해서 상담을 하면 양호한 단속의 결과물을 얻어낼 수 있습니다.

단속의 결과물이란 그 업체가 전문적인 유사 수신회사라는 증거를 완벽하게 확보했다는 의미입니다.

(사) 투자금이 어떻게 그 업체로 들어가는가를 확인하는 것도 중요합니다.

그래서 그 업체가 사용하고 있는 법인계좌를 알아내야만 모든 단속이 종결되는 겁니다.

그렇다면 투자할 금원을 입금해야 하는데, 공연히 투자금을 상대 업체로 입금했다가 자칫 입금한 금원을 회수하지 못하는 불상사가 발생될 염려가 있다는 점을 감안해서 계좌로 입금해서는 안됩니다.

그때, 단속팀이 바람을 잡습니다.

자기도 투자하고 싶은데, 혹시 카드로 결제하면 안되겠느냐는 식으로 바람을 잡으면 상대방은 무조건 환영하며 좋아합니다.

단속팀은 사전에 준비한 카드로 투자금을 결제합니다.

카드 결제는 언제든 취소할 수 있기 때문에 카드 결제 방법을 쓰는 것이 유리합니다.

(아) 투자금을 결정하고 그 금원을 카드로 결제합니다.

그러면 상대는 단속팀을 완전히 자기들 사람으로 인정하고 양파 껍질 벗기듯 속내를 하나씩 하나씩 들어냅니다.

따라서 법인등기부라든가 사업자등록증, 계좌 입금 현황 등의 증빙 자료를 확보했기 때문에 즉시 카드 결제를 취소합니다.

카드로 할 것 없이 현금으로 입금할 거니 카드 결제는 취소해달라고 하면 그쪽에서는 조금도 의심하지 않고 카드 결제를 취소해줍니다.

그다음 계좌 이체를 하려다 보니 보안카드를 집에 두고 왔다는 식으로, 집에 가서 바로 입금하겠다면서 그곳을 벗어나는 순간에 모든 단속은 종결됩니다.

필요한 것 다 얻었으니 이제 남은 건 신고뿐입니다.

● 신고 방법

신고는 금융감독원에 합니다.

제반 증빙자료는 어느 것 하나 빠짐없이 완벽하게 보내야 합니다.

8. 환경오염 신고포상금

● 개 요

 전국에서 환경오염행위가 지속적이고 산발적으로 발생하고 있지만 이에 대한 감시와 신고가 미흡합니다.
 국토환경은 우리가 스스로 지킨다는 마음으로 우리 모두가 파수꾼이 되어 환경오염행위 신고에 적극 동참하는 차원에서라도 환경오염 신고포상금 제도를 적극적으로 육성해야 할 것입니다.

● 신고처
유선전화 : 국번 없이 "128" (또는 해당 지방자치단체 환경 관련 부서)
*휴대전화 : 지역번호 누르고 "128"

*생활공감지도 서비스 홈페이지 (www.gmap.go.kr) 마켓에서 다운 가능

● 신고 방법

　누가, 언제, 어디서, 어떻게 환경오염 행위를 했는지 구체적인 내용과 증빙 자료를 제출해서 신고하면 됩니다.

　만일 차량으로 폐기물을 무단 투기하거나 불법으로 매립하는 경우에는 차량번호도 반드시 함께 신고해야 합니다.

　물론 증빙 사진이나 동영상 자료도 첨부해야 합니다.

● 포상금 지급은?

　신고 내용이 사실로 확인되면 관할 지방자치단체장이 예산의 범위내에서 관련 규정에 따라 환경오염 신고자에게 신고내용에 따라 포상금을 지급합니다.

　신고인의 신원은 절대로 외부에 노출되지 않도록 철저히 관리하고 있으며 비밀은 보장됩니다.

● 단속할 때 주의해야 할 사항

(가) 공장의 오폐수나 축사 등 가축을 기르는 농가의 단속은 아주 은밀하게 이루어져야 합니다.

(나) 단속하기 전에 사전 답사를 통해 현장의 제반 상황을 철저히 파악하고 필요한 장비 등에 대한 준비 역시 완벽하게 해야 합니다.

(다) 공장이나 축사 등은 대부분 민가에서 떨어진 외딴곳에 있기 때문에 그곳에 접근하면 자칫 단속팀원의 신상이 노출될 우려가 있습니다.

따라서 각별히 신경 써서 현장 답사를 할 때 조심해야 합니다.

현장 답사를 할 때는 부동산소개 업체로 위장하거나 아니면 관광차 탐방을 온 것인 양 자연스럽게 행동하면 단속하는데 도움이 됩니다.

가능하다면 인근 주민이나 읍, 면, 동사무소 직원의 도움을 받는 게 좋습니다.

물론 환경오염행위의 단속은 누구든 눈치채지 못하도록 철저하게 위장해서 진행해야 한다는 걸 염두에 두어야 합니다.

● 단속 전에 준비해야 할 항목

(가) 단속 목적지가 지방일 경우가 많습니다.

따라서 거리가 먼 지역을 탐방하고 답사를 해야 하기 때문에 망원경은 필히 준비해야 합니다.

(나) 장거리 촬영을 위해 망원렌즈도 준비해야 합니다.

(다) 야간에도 특별 단속을 해야 할 때가 있습니다.

그래서 야간 투시경 특수 카메라도 준비해야 합니다.

(라) 계절에 따라 방한복 등을 필요로 할 때도 있습니다.

> 구체적인 단속 방법

1) 축사 단속

(가) 지방의 축사 단속은 상당히 많은 건 수를 올리고 있어서 단속팀의 인기를 독차지하고 있습니다.

특히 돼지, 소, 닭, 등의 축사는 일정한 규모의 정화조 시설을 갖추도록 법에서 단속을 강화하고 있습니다만, 그 정화조 시설 비용을 조금이라도 줄이기 위해 정화조 규모를 대폭 줄이고 있는 실정입니다.

결국 정화조 규모를 줄이면 그로 인해 배출되는 가축들의 분비물을 법에서 규제하는 정화를 제대로 하지 못한 채 강이나 하천으로 흘려보내는 악순환이 거듭되기 때문에 그에 따른 오염은 참으로 심각한 수준입니다.

그래서 그러한 폐해를 막기 위해 환경오염행위에 대한 단속을 할 수밖에 없는 것입니다.

축사에서 하천으로 흘려보내는 증거를 포착해야 하는 단속은 결코 쉽지 않습니다.

암튼 축사에서 거리가 떨어진 하천에 이르기 전에 그 축사에서 배출되는 가축의 분비물이 흘러내려오는 증거를 확보해야 합니다.

(나) 축사에서 배출된 가축의 분비물이 정화되지 않고 그대로 흘러내려오는 장면의 동영상 증거를 계속 촬영합니다.

(다) 그 분비물이 하천까지 흘러내려와 하천수에 유입되는 과정을 빠짐없이 촬영합니다.

(라) 환경오염에 대한 증거를 확보했으면 위반 축사의 주인, 주소, 관할 지역, 등에 대한 사실 확인을 해야 합니다.

2) 공장 단속

(가) 공장은 시내를 벗어나서 대부분 외곽지역에 있습니다.

따라서 한가한 외곽지역에서 단속하기란 쉽지 않은 어려움이 따릅니다.

특히 하천이나 강변 등에서 단속 활동을 하다 보면 예상 밖의 어려움에 직면할 수도 있습니다.

더구나 오염이 심각한 수준의 하천을 중심으로 단속한다는 것은 신경 쓸게 많다는 걸 염두에 두어야 합니다.

(나) 우선 공장을 중심으로 타인의 눈에 띌 것을 감안해서 사전 준비에 소홀함이 없도록 조심해야 합니다.

(다) 공장의 오폐수 정화 시설은 대규모인 바 그 시설의 설비 비용을 줄일 목적으로 오폐수 양을 줄여서 신고하는 등의 비리가 많습니다. 따라서 오폐수를 정화 시설을 통과하지 않고 그대로 방출하는 증거를 확보해야 합니다.

(라) 정화 시설을 통과한 오폐수는 놀랄 만큼 깨끗하게 정수된 물입니다. 그러한 물은 정상적으로 하천에 방류해도 상관없지만 정화 시설을 통과하지 않은 오폐수를 배출하는 것은 환경오염행위로 처벌받을 위법행위입니다.

따라서 위법행위는 아주 은밀하게 이루어집니다.

야간 시간을 이용해서 오폐수를 흘려보내는 관계로 그 행위를 단속하기가 참으로 어렵습니다.

그래서 방류 현장을 촬영하려면 후레쉬를 사용해야 하는 어려움이 따르기 때문에 특별히 준비한 투시경 카메라를 통해서 촬영해야 합니다. 정화시설을 통과하지 않고 무단으로 배출하는 오폐수가 흘러내려오는 장면을 촬영하고, 그 배출 수가 하천까지 흘러와 유입되는 현장까지 세밀하게 촬영해서 증거를 확보해야 합니다.

(마) 마지막으로 공장 주소, 대표자 성명, 사업자등록, 법인 등기 등을 확인해서 수집한 동영상 증거와 함께 신고하면 됩니다.

● 포상금 지급 절차

신고한 공장의 대표가 법원의 확정판결(1심 선고)의 처벌을 받게 되면 "심사위원회"의 결정에 따라서 포상금이 지급됩니다.

9. 밀수 신고포상금

● 개 요

　밀수 단속은 통상적으로 전문 단속팀이 아니고는 언감생심, 단속을 하고 싶어도 할 수 없는 아주 특별한 분야입니다.
　밀수는 마약, 금괴, 보석, 의약품, 담배 등의 특별한 물품이 불법으로 국내에 반입되는 경우가 대부분입니다.
　밀수 행위는 참으로 은밀하게 이루어집니다.
　그래서 밀수를 단속하기란 일반 강력 범인을 체포하기 보다도 더 어렵다는 소문이 파다할 만큼 특수한 분야입니다.
　물론 지급되는 포상금이 크다는 장점으로 단속팀이 눈독 들이고 도전하는 경향이 허다합니다.

※ **사전에 유념해야 할 사항**

(가) 밀수단속은 꼭 경험이 있는 전문가만이 단속할 수 있는, 비전문가는 절대로 침범할 수 없는 특별한 영역은 아닙니다.

(나) 비전문가도 일정한 단속 교육만 이수하면 누구나 충분히 밀수 단속을 할 수 있습니다.

(다) 과거 밀수는 국제적인 조직의 "갱"들이 무서운 존재적 힘으로 이루어지는 범죄행위였음은 사실입니다.

그러나 전 세계적인 추세는 그 어떤 범죄 조직도 자신들의 나라에 발을 부치지 못하도록 철저하고 엄중히 단속하는 추세입니다.

그래서 밀수는 범죄조직만의 영역이 아닙니다.

이제는 일반인들도 밀수 세계를 넘겨보는 세상이 되었다는 결론입니다.

(라) 혹여라도 잘 못 신고하면 밀수 조직의 보복을 받을까 걱정할지 모르겠지만 밀수 사건은 절대 신고자의 인적 사항에 대해 엄정하게

비밀을 보장해 주고 있습니다.

그래서 그러한 걱정은 기우에 불과합니다.

● **단속할 때 주의해야 할 사항**

(가) 밀수는 소위 말하는 보따리 장사를 통한 밀수부터 여행객이 작은 이익을 노리고 행하는 객따리 밀수까지 포함해서 조직적 국제밀수 등 적잖은 밀수 행위가 판을 치고 있는 실정입니다.

따라서 밀수를 단속하려면 밀수를 행하는, 그들을 이용하는 게 바람직합니다.

그렇기에 그들과의 동행 단속이 가장 편한 단속 중 하나입니다.

물론 지급받는 포상금을 그들과 나누어 가지는 불편함이 따르는 단점이 있습니다.

(나) 그들과 동행 단속을 불가피하게 수행할 경우에는 만일을 위한 대비 차원에서 절대 공익 단속 전문가 팀원의 인적 사항은 비밀로 해야 할 것이며 가능한 핸드폰 번호까지 공개하지 않도록 유념해야 합니다.

그렇지만 그들의 심기를 건드려서는 안된다는 사실을 명심해야 합니다.

(다) 밀수 단속을 하려면 팀원이 가급적 많아야만 업무 수행에 차질이 없습니다.

(라) 불가피하게 세관이나 경찰의 도움이 필요할, 뜻밖의 돌발 상황이 발생할 수 있음을 감안해서 사전에 사법기관과 긴급 소통할 수 있

는 채널을 반드시 확보해두는 게 좋습니다.

● 단속 전에 준비해야 할 항목

(가) 팀원들 간의 긴급 소통을 위해 워키토키를 준비합니다.

(나) 비상시를 대비하기 위해 오토바이를 항시 대기시킵니다.

(다) 공항이나 항만에서 작은 가방이나 짐 보따리를 옮겨달라는 부탁과 함께 금품을 건네는 사람을 찾아서 그들의 인적 사항과 배경 등의 정보를 세밀하게 확보해야 합니다.

(라) 언제든 제약 없이 항공기를 이용할 수 있도록 여권과 비자 역시 준비합니다.

(마) 시중에서 유통되는 밀수 제품의 항목을 종류별로 분류해서 리스트를 작성해서 준비하면 도움이 됩니다.

제품별로 특이 사항, 밀수 방법, 전문 판매처, 가격, 등에 대해 상세한 정보를 확인할 수 있습니다.

(바) 시중에서 특별히 유통되고 있는 외국 제품의 중고품을 기묘한 방법으로 수입한 제품을 판매하는 업체가 있습니다만 그 제품의 대부분은 불법이나 편법으로, 아니면 밀수 방법으로 들여오는 밀수품을 취급하는 경우가 허다합니다.

그러한 제품을 판매하는 업체에 대한 상세 정보를 확인하고 그 업체의 관계자를 통해 밀수 루트를 따라 단속하면 기대 이상의 효과를 거둘 수 있습니다.

구체적인 단속 방법

1) 보따리 장사에 의한 밀수

보따리 장사는 오래전부터 주로 선박편을 이용한 장사꾼들에 의해 암암리에 이루어지는 밀수 행위입니다.

많은 보따리 장사를 일일이 단속할 수 없습니다.

그 장사꾼들에 의해 유통되어 판매하는 곳을 대상으로 단속해서 역추적 시스템에 의한 증빙자료를 확보해서 신고하는 방법이 가장 효율적입니다.

(가) 용산전자상가나 청계천, 남대문시장, 부산 국제시장 등에서 유통되는 전자제품이 그에 해당됩니다.

그 제품을 판매하는 곳에 접근합니다.

제품을 대량으로 구입하려는데, 가격과 납품 등에 대해 상담하는 식으로 접근해서 필요한 정보를 입수합니다.
(나) 그곳에서 유통 업자를 소개받은 후 대량 구매 조건을 내세워서 보따리 장사를 소개받습니다.
(다) 제품의 단가를 최대한 낮추며, 밀수품을 구입해오는 국가에서 어떻게 구입하고 어떠한 방법으로 밀수품을 포장, 운반하는 가 등에 대해 사실 확인을 함과 동시에 그 내용에 대한 증거를 확보합니다.
(라) 밀수를 하는 장본인의 인적 사항을 확보하고, 밀수품 내역과 총 금액, 밀수 일자와 시간, 중간업자, 판매처와 판매인의 제반 사항을 육하원칙에 의해 정확히 확인해서 그에 따른 증거를 확보합니다.

2) 여행객을 이용한 밀수행위, 이른바 뻐꾸기 밀수 단속

(가) 고도의 비법으로 밀수하는 밀수꾼은 자신의 밀수품을 다른 제 삼자를 통해 간접적으로 운반하게 하는, 이른바 뻐꾸기 밀수꾼은 참으로 야비하기 이를 데 없는 밀수행위입니다.
"뻐꾸기 밀수"란 뻐꾸기가 자신과 크기가 비슷한 새를 찾아서 눈여겨 보다가 그 새가 둥우리에 알을 까고 품기 시작하면 뻐꾸기가 인근에 숨어있다가 그 새가 잠시 둥우리를 떠나는 순간을 이용해서 둥우리에 있는 알을 밖으로 밀어내 버린 뒤에 자신이 알을 낳아 두고, 그 새는 둥우리에 있는 뻐꾸기 알을 품고 굴려서 부화시킵니다.

그 새는 뻐꾸기 새끼가 자기 새끼인 줄 알고 먹이를 먹이고, 정성껏 키우게 하는, 아주 뻔뻔하기 이를 데 없는 뻐꾸기를 비유해서 나쁜 밀수꾼을 지칭하는 은어입니다.

뻐꾸기 밀수꾼은 주로 마약을 밀반입할 때 그 수법을 사용합니다. 그 밀수꾼을 잡기 위해서는 장기전을 펼쳐야 한다는 전제 조건이 따릅니다.

공항에서 며칠 동안 잠복하여 그 밀수꾼을 찾아야 한다는 어려움이 있지만, 사실 냉정히 따지고 보면 그 밀수꾼을 찾기가 힘들기 때문에 포상금 지급액이 큰 거라고 생각하면 한 번쯤 도전해 볼 만 하다는 결론을 내릴 수 있습니다.

(나) 우선 관세청 직원의 도움을 받아서 마약을 들여온다든가 밀반출하는 상대국이 어디인가 등의 정보를 알아보는 게 좋습니다.

그래야만 밀수꾼이 먹잇감을 찾기에 혈안이 되어 있는 현장이 어디인가를 알 수 있고, 그곳에 가야만 그들을 만날 수 있기 때문입니다.

물론 그들의 먹잇감은 여성이므로 그에 적합한 단속팀을 현장에 투입 시킵니다.

물론 현장에서 서성이게 하거나 캐리어 가방을 끌고 다니다가 자리에 앉아서 그들이 접근해 오기를 기다립니다.

여행 갈 상대 국가의 관광안내 책자를 보면서 여유롭게 앉아 있으면, 그들의 접근이 시작됩니다.

그들의 먹잇감으로 적합한 행동을 했기 때문에 그들이 접근하는 겁니다.

(다) 물론 단속팀의 몸에는 특수한 몰카가 장착되어 있으며 인근에는 단속팀의 일행이 지켜보고 있습니다.

그래서 단속팀의 안전에 대해서는 걱정할 필요가 없습니다.

이러한 단속은 사전에 관세청 직원에게 상세 정보를 건네주었고, 그쪽의 도움을 받아야 함은 거론의 여지가 없습니다.

(라) 그 밀수꾼은 단속팀(여성 단속팀)에게 약간의 금품을 건네며 상대 국가에 도착하면 자신의 가족이 마중 나올 거라면서 잘 부탁한다는 말과 함께 소형 가방을 건네줍니다.

물론 가방 안에는 마약이 검색대에 걸리지 않도록 특수 포장되어 있습니다.

(마) 그 정도에서 단속팀은 관세청 직원에게 그들의 신병을 인도할 수

순을 밟거나 아니면 현장에 있는 경찰 경비대에 신고해서 그들을 채포하게 하면 단속팀의 단속은 끝납니다.

3) 중고 제품으로 위장한 밀수 단속

(가) 특정한 국가의 중고 제품을 판매하는 업체가 성행하고 있습니다.
그러한 업체의 광고는 주변에서 쉽게 접할 수 있습니다.
그 업체를 찾아갈 때는 준비한 몰카나 아니면 바디캠을 장착하고 갑니다.

(나) 그 업체를 방문할 때는 꼭 고급 승용차를 이용하는게 단속하는데 유리합니다.
주차장에 주차할 때 그곳 직원이 고객의 차량을 보고 있기 때문입니다.
우선 고객이 어느 정도의 경제력이 있는가를 판가름하는데 고객이 타고 온 승용차가 바로미터 역할을 해준다는 겁니다.

(다) 그 곳에서 쇼핑하는 과정에 고가의 신품은 없는지 넌지시 문의하면 그 직원이 우리를 상담실로 안내합니다.

(라) 단속팀은 사전에 어떠한 고가품의 새 제품에 대해 구입 상담을 할 것인가를 결정하고 왔기 때문에 상대 직원은 반색하면서 별도 보관창고에서 상담한 제품을 가지고 옵니다.
물론 그 제품은 정상적인 제품으로 포장 역시 정품 그대로입니다.

(마) 그러한 상담 과정에 대해서는 동영상 촬영은 물론이고 제반 녹취까지 완벽하게 이루어집니다.

제품 구입가는 당연히 카드로 결제합니다.

일단 카드 결제 영수증을 확보합니다.

고가품을 구입했기 때문에 그곳 직원은 조금도 경계하지 않고 극진하게 단속팀을 접대합니다.

무엇이든 묻는 대로 알려주고 설명해 줍니다.

그렇기 때문에 구입한 제품이 어떻게 들여와서 판매되는가에 대해서도 소상히 설명해 줍니다.

그 설명은 자신들이 밀수행위의 범죄를 저지른 것에 대해서 간접적으로 이실직고 한 셈이며, 그게 증거가 됩니다.

그러한 내용은 자연히 증거 사항으로 모든 게 동영상 촬영, 녹취로 확보된 겁니다.

(바) 필요한 정보와 증거를 전부 확보했으면 구입한 제품을 반품해야 합니다.

현금으로 결제하면 얼마나 할인해 줄 건가를 묻고, 카드 결제를 취소하고 현금으로 입금해 주겠다는 수순을 밟습니다.

현금 입금을 해야 하는데 보안카드를 집에 두고 왔다면서 내일 다시 와서 현금으로 결제하겠다며 구입한 제품을 건네줌으로(반품 성립) 모든 단속 상황은 끝났습니다.

● 신고처는?

서울본부세관 밀수신고센터	
주간 : 02-548-3537	야간 : 02-548-5284 서울세관 조사
인천공항세관 밀수신고센터 / 인천공항세관 조사총괄과	
주간 : 032-722-4619	야간 : 032-722-4629
부산본부세관 밀수신고센터	
주간 : 051-462-8671	야간 : 051-462-8671
인천본부세관 밀수신고센터	
주긴 : 032-891-9189	야간 : 032-891-9189
대구본부세관 밀수신고센터	
주간 : 053-664-5439	야간 : 053-664-5129
광주본부세관 밀수신고센터	
주간 : 062-975-8089	야간 : 062-975-8029
합동청	
주간 : 031-8054-0771	야간 : 031-8054-7188

● 신고처리 절차

　탈루 사실에 대한 신고 사항은 본부세관 심사부서가 처리하며, 그 외 신고 사항은 각 세관 조사부서가 처리합니다.

　신고한 내용으로 수출입 관련성이 확인되고 피신고자의 인적 사항 및 혐의 사실 등이 구체적이고 증빙서류가 제시되어 있는 경우 즉시 접수하여 사건을 처리합니다.

　그러나 혐의 내용이 불명확한 경우, 피신고자가 불특정하거나 신빙성이 없는 경우, 신고내용으로 수출입 관련성이 확인되지 않는 경우는 보완자료를 제출받은 후 사건 처리 여부를 결정합니다.

● **받을 수 있는 포상금은 얼마나?**

신고 내용이 관세범 검거에 공로가 인정되는 경우 5천만 원 ~1억원까지 포상금을 지급합니다.

포상금은 신고 내용의 가치 및 검거 기여도에 따라서 포상 심사위원회의 심의를 통하여 차등 지급합니다.

● **포상금 지급 시기는?**

포상금은 다음과 같은 시기에 지급합니다.
(가) 범인이 통고의 요지를 이행한 때
(나) 고발 또는 송치사건의 경우 고발 또는 송치한 때
(다) 벌금, 추징금이 국고에 납부된 사실이 확인된 때
(라) 위해 물품인 경우에는 물품을 적발한 사실이 확인된 때

10. 어린이집 신고포상금

● 개요

　영유아보육법과 아동복지법을 위반하며 어린이집을 설치 운영하거나, 어린이집에 근무하면서 보조금을 부정수급하거나, 아동학대를 했거나, 영유아의 생명 또는 신체 및 정신에 중대한 피해를 입히거나, 입힐 우려가 있는 사람들로 인해 어린아이를 둔 가정은 걱정을 하지 않을 수 없습니다.

　그들이 그러한 잘못을 저지르지 못하도록 감시하고 지도하는 정부 입장으로 어린이집에 대해 고민하지 않을 수 없습니다.

　그래서 그런 잘못을 저지른 행위를 신고한 사람에게 포상금을 지급해서라도 어린이집에 관련된 불법행위를 뿌리 뽑아야 한다는 여론이 사회 전반에 확대된 것입니다.

그로 인해 신고포상금 제도가 실시되었으며, 어린이집 신고포상금 제도가 실시된 결과 바람직한 효과가 나타나기 시작했습니다.

그 효과를 참고한다면 어린이집 신고포상금 제도는 오랫동안 정착해서 어린이집에 관한 불법행위가 발생하지 않는 안전한 어린이집으로 인정받을 수 있을 거라 확신합니다.

● 사전에 유념해야 할 사항

어린이집 신고는 대부분 내부 고발자에 의해 이루어진다고 해도 과언이 아닙니다.

모든 사건 사고는 어린이집 내부에서 발생합니다.

따라서 공익 단속 전문팀이 단속을 하는 분야는 상당히 제한적입니다.

그래서 어린이집 신고는 통학버스나 외부 시설(놀이터 등)이나 급식 등을 단속하면 성공 실적을 올릴 수 있습니다.

● 단속할 때 주의해야 할 사항

어린이집은 나이 어린 어린이가 이용하는 시설입니다.

그러한 어린이집은 단속팀이 마음대로 출입할 수 없는 특별한 보호 지역입니다.

그 점을 감안한다면 어린이집에 근무하는 직원의 도움을 받아 단속하거나 그를 통해서 정보를 입수하는 게 좋습니다.

● 단속 대상 항목

(가) 보조금 부정수급 행위
(나) 아동학대 행위
(다) 급식 위반 행위(상한 음식을 제공하는 행위 등)
(라) 통학버스 위반 행위
(마) 운전사의 음주 운전 행위
(바) 운전사의 운전 중 휴대폰 사용 행위
(사) 보호자 동승 의무 위반
(아) 미신고 통학버스 이용

● 구체적인 단속 방법

(가) 아동학대, 급식 위반, 보조금 부정 수급 행위를 단속하기란 내부 고발자가 아니고는 불가능합니다.
 공익 단속 전문팀의 단속 대상은 자연히 통학버스와 관계된 사항에 관심이 한정됩니다.
(나) 운전 중 휴대폰을 사용한다든가 음주 운전 행위는 단속하기가 몹시 난해한 분야입니다.
 (다) 가장 쉽게 단속할 수 있는 분야가 바로 보호자 동승 의무를 위반하는 경우입니다.
 통학버스를 따라다니면서 위법 행위를 적발하는 건 오토바이를 이용하는 게 가장 좋습니다.
 오토바이를 타고 뒤를 따라가면서 버스 내부에 보호자가 동승하고 있는가 여부를 확인하기란 어렵지 않습니다.
(라) 대부분의 어린이집에서는 어린이의 보호자를 동승시키기가 어렵기 때문에 편법으로 어린이집의 직원을 동승시킵니다.
그러나 요즘에는 어린이집의 직원을 동승시키는 것 조차 직원의 급여 등의 지출을 감안해서 통학버스 운전자가 보호자 동승 역할을 겸하고 있는 실정입니다.
(마) 어린이집 통학버스를 뒤따라가는 오토바이를 이용한 단속팀의 의복에 장착된 바디캠을 이용해서 통학버스 운전자가 차를 정차시킨 후에 출입문을 열고 어린이의 버스 출입을 도와주는 행동을 촬영합니다.
그 당시 운전자가 버스 출입구에서 어린이가 차에서 하차하는데 도와주는 장면을(운전자의 모습이 나오도록) 정확하게 촬영해야 합니다.
물론 그 당시 버스 승하차 장소의 주소지, 월일 시간을 표기해 두어야 합니다.
(바) 미신고 차량의 여부는 주차장에 주차되어 있는 통학버스의 번호를 조회해서 어린이집 통학버스로 신고된 차량인가를 확인할 수 있습니다.

● 포상금 지급 절차
(가) 보건복지부 보육기반과 (전화 : 02-2023-8949, 02-2023-8953)에 직접 방문해서 신고하거나, 시군구청이나 이용 불편신고센터

에 신고합니다.

(나) 신고 접수가 되면 신고내용에 관한 예비 조사를 합니다.

필요하면 증거자료를 더 요구할 수 있습니다.

증거자료는 cctv, 녹취록, 동영상이나 사진 등이 포함됩니다.

(다) 현장조사를 실시합니다.

(라) 위법 행위에 대해 행정처분을 내립니다.

(마) 포상금 신청서를 받습니다.

(바) 복지부의 검토 후 지자체에 학정 통보를 합니다.

(사) 포상금을 지급합니다.

● 받을 수 있는 포상금은?

포상금은 50만 원~5,000만 원까지입니다.

11. 예산낭비 신고포상금

● 개 요

국가재정법 시행령 제 50조 제5항 및 제 51조 제5항에 따라 예산, 기금의 불법 지출이나 과다 지출에 대한 국민 감시 및 예산 낭비신고센터의 설치 운영에 관한 세부 사항에 대하여 규정함을 목적으로 예산낭비 신고포상제를 운영하게 된 것입니다.

(가) "예산낭비신고"라 함은 국가 제정법 제100조 제1항에 따른 예산 기금의 불법 지출에 대한 국민의 시정요구, 시행령 제51조 제1항에 따른 예산낭비신고나 예산절감과 관련된 모든 제안 등을 말합

니다.
(나) "포털시스템"이라 함은 예산낭비신고 등을 처리하기 위하여 기획재정부와 행정안전부, 국민권익위원회가 합동으로 운영하는 국민신문고 내의 "예산낭비신고" 정보 시스템을 말합니다.
(다) "신고자"라 함은 예산낭비신고센터에 제1호에 따른 예산낭비신고 등을 신청하는 개인이나 다수인, 단체를 말합니다.
(다) 기획재정부에서 예산낭비신고센터를 운영합니다.
(라) 예산낭비 신고는 궁극적으로 정부에 큰 이익을 줄 뿐 아니라 우리 국민들도 혜택을 볼 수 있는 제도입니다.

● 단속 전에 주의해야 할 사항
(가) 예산낭비를 단속하는 것은 단속 팀원들의 정보 교환을 통해 이루어지지 않는다면 일일이 발품을 팔아서 현장을 찾아다녀야 하는 노력이 필요합니다.
(나) 기실인즉 이러한 현장을 찾는 게 그리 어려운 일은 아닐 정도로 예산을 낭비하는 공사 현장이 많다는 게 일반적 대중 여론입니다.
(다) 이미 공사가 끝난 현장이라도 그 공사로 인해 얼마나 국민들이 편리한가, 아니면 오히려 불편한가를 따지기 전에 그 공사비, 유사한 공사, 불필요한 공사, 등을 철저히 조사하는 게 바로 예산낭비를 단속하는 목적입니다.
(라) 단속 대상의 공사는 건축물을 포함해서 토목공사, 포장공사, 유지관리, 시설물, 등 우리 주변에서 조금만 관심을 가지고 관찰하면

얼마든지 예산을 낭비하는 현장을 찾을 수 있습니다.

● 예산 성과금, 신고 사례금, 포상금 지급절차

(가) 예산낭비 신고센터에 신고 접수가 되면 7일 이내에 유관부서 의견조회를 합니다.

(나) 사실 확인 후 현장 조사를 거쳐서 조사 결과가 나옵니다.

(다) 조사 결과가 타당하면 시정 조치를 합니다.

(라) 조치 결과 통보를 받으면 예산 성과금을 지급합니다.

(마) 권익위원회에 신고했을 경우에는 포상금이나 보상금을 받습니다.

12. 불법 사금융 신고포상금

● 개 요

　금융감독원은 불법 사금융 피해 신고센터를 설치 운영하며 불법 사금융 피해자에 대한 피해 구제를 하고 있지만 유감스럽게도 불법 사금융은 뿌리 뽑지 못하고 있는 실정입니다.

　따라서 불법 사금융에 대한 국민적 관심을 제고하고 신고를 유도하기 위해 불법 사금융에 대한 신고포상금 제도를 도입할 필요가 있다는 여론이 사회 전반에 걸쳐 조성된 것입니다.

● **신고 대상**

(가) 불법 채권 추심 행위 (채권의 공정한 추심에 의한 법률 제9조)

(나) 이자율 위반 행위

(다) 대출 사기 행위

(라) 미등록 대부 행위

(마) 불법 중개 수수료 수취 행위

(바) 대부업 등의 등록 및 금융이용자보호에 관한 법률 제8조 또는 제11조 이자 제한법 제2조에 따른 이자율을 초과하여 이자를 받는 행위

(사) 대부업 등의 등록 및 금융 이용자 보호에 관한 법률 제11조의 제2항을 위반하며 중개 수수료를 받는 행위

(아) 대출을 빙자하여 피해자를 유인한 후 수수료, 예치금 등의 명목으로 금전 기타 재산 상 이익을 편취하는 행위

● **구체적인 단속 방법**

(가) 불법 사금융, 소위 말해 불법 사채업을 단속하려면 우선 사채 광고를 통해 영업하는 업체를 선별해서 기본적인 분석을 해야 합니다. 광고에는 정상적으로 신고된 업체인 양 표기가 되어 있지만 확인해 보면 불법 무허가 사채업체가 예상외로 많습니다.

(나) 불법 사채업체를 단속하려면 고객으로 위장해서 상담을 해야 하는데, 위장 서류를 우선 준비해야 합니다.

사업자등록증, 임대차 계약서, 주민등록등본 등 서류를 준비하는

데, 관련 서류는 정상적인 서류를 갖추어야 하며, 임대 업소 역시 단속팀과 연고 내지는 지인의 업소를 활용하는 게 좋습니다.

(다) 불법 사채는 대부분 법정이자보다 더 비싼 이자를 받는 데, 교묘하게 "일수"라는, 매일 불입하는 사채 영업 방법을 통해 불법 영업을 하고 있습니다.

따라서 불법으로 과다 이자를 받는 행위를 단속하려면 불법업체를 찾아야 합니다.

그러한 업체를 선별하는 과정은 그리 어렵지 않습니다.

대부분의 불법업체는 광고지를 돌리거나 생활정보지에 광고를 게재하기 때문에 단속 대상 업체를 선별하는 건 쉬운 편입니다.

불법업체는 심사가 까다롭지 않고 준비 서류가 많지 않습니다.

(라) 필요 서류를 검토한 후 사채업자는 법적 공증 또는 등기 설정 등의 비용이 들어간다며 추가 비용을 요구합니다.

제반 비용을 돈 빌리는 측에 부담시킵니다.

그러한 행위가 불법이며 그 불법행위에 대한 증거를 확보해야 합니다.

물론 의복에 설치된 바디캠을 사용한다든가 아니면 단추 카메라 나손가 락카메라 등을 통해서 증거용 동영상 촬영을 해야 합니다.

(마) 이자나 비용 등의 증거를 확보하기 위해서는 반드시 상대방의 계좌로 입금하는 게 안전합니다.

그래야 상대 업체로 입금한 증거를 확보할 수 있습니다.

또한 상대 업체 직원이나 대표가 일방적인 계약서를 작성해서 진행하기 때문에 그 계약서 역시 증거로 확보해야 합니다.

● 신고 방법과 신고 처는?

■ 신고는?

신고는 관련 증빙자료(증거)를 제시하며, 전화신고나, 인터넷 신고, 방문신고도 가능합니다.

■ 신고 처는?

(가) 전화 신고 : "1332" 번, 금감원, 서민금융 119, "112"에 신고하면 됩니다.

(나) 금융감독원 참여마당 (www.fss.or.kr)

　　서민금융 119 (s119.fss.or.kr)

창과
방패

제3장

■ 공깅단속과 불법단속추진배경

■ 주요내용

Ⅰ 추진 배경

1. 공익 단속과 불법감시 단속의 추진

◆ 신고자 보호를 위한 사회ㆍ제도적 토양 조성.
◆ 신고자 보호의 사각지대 해소 및 건전한 불법감시 단속의 활성화 도모.
◆ 감시단속 신고의 은밀성ㆍ전문성으로 인한 행정부담 절감 및 국가 브랜드 가치 제고.
◆ 신종 직업인 공익단속과 불법감시 단속 활동으로 연결되는 취업 창업으로 인한 경제 활성화 기여.
◆ 직장인의 부업, 투잡 일자리 부여.
◆ 청년·중년·장년의 일자리 창출 효과.
◆ 맞벌이 부부의 경제적 효과.

2. 공익 단속과 불법감시 단속의 정의

공익 단속은 크게 외부신고와 내부 신고로 나누어 구분할 수 있습니다.

첫째, 외부 신고는 조직 구성원이 아닌 사람이 불법침해행위를 인지하고 이를 시정하고자 신 고하는 정당 행위인 바 공정한 차원에서 보면 시민의식의 일환인 셈입니다.

둘째, 내부 신고는 기업이나 정부 조직의 구성원이거나 구성원이었던 사람이 내부에서 발생한 불법행위를 알게 된 경우 이를 시정하고자 신고하는 행위입니다.

민간분야에서 발생하는 불법행위는 사회 변화 및 기술 발전에 맞추어 더욱 전문화·지능화되어 가기 때문에 행정기관이나 수사기관의 노력만으로는 이를 모두 적발하기에 한계가 있기 마련입니다.

그렇기에 일반 공익 단속이나 불법감시 단속 신고자가 이를 신고함으로 인해 정부로서는 적은 비용으로 큰 효과와 법적 통제와 동시에 세수 수익까지 기여하는데 의의가 있습니다.

3. 공익 단속과 불법감시 단속의 개념

(1) 공익 단속 신고와 불법감시 단속 신고

"공익 신고"란 불법행위가 발생하였거나 발생할 우려가 있다는 사실을 알게 된 경우에 이를 신고·진정·제보·고소·고발하거나 수사의 단서를 제공하는 행위를 말합니다.

이와 같이 "공익 신고"는 행정기관이나 수사기관 등에 대해 감독권·수사권의 발동을 촉구하는 신고·진정 외에도 처벌을 요구하는 고소·고발이나, 단순히 정보를 제공하는 제보·수사의 단서 제공까지도 포함하고 있는 폭넓은 개념입니다.

이와 같이 공익 신고는 『공익신고자 보호법』 시행 이후 180개 법률에 따라 600여 곳의 중앙행정기관과 그 소속기관, 지방자치단체, 수사기관 및 공사·공단 등의 공공단체가 접수받아 처리하고 있는 각종 민원이나 고소·고발을 비롯해서 정부 지급의 포상금을 수익으로 대체하는 불법감시 단속 신고자의 신고 등을 뜻하는 광범위한 공익적 개념입니다.

■ 단속 신고의 형태

- **신 고** : 법률의 규정에 의하여 국가 및 지방자치단체 등에게 법률관계 또는 사실관계에 대해 서면으로 작성하여 제출하는 행위로서 공익 단속이나 불법감시 단속 신고자가 행하는 제반 신고를 의미합니다.
- **진 정** : 국가 및 지방자치단체 등에게 사정을 진술하고 어떠한 조치를 취하여 줄 것을 요구하는 의사를 표시하는 행위를 진정이라 합니다.
- **고 소** : 범죄 피해자 등이 수사기관에 범죄사실을 신고하여 범인의 소추를 구하는 의사를 표시하는 행위를 고소라 합니다.
- **고 발** : 범죄 피해자 이외의 제3자가 수사기관에 범죄사실을 신고하여 범인의 소추를 구하는 의사를 표시하는 행위를 고발이라 합니다.
- **제 보** : 행정기관이나 수사기관 등에 정보를 제공하는 행위를 제보라고 합니다.
- **수사의 단서 제공** : 수사기관이 수사를 개시할 수 있는 원인을 제공하는 행위를 수사 단서 제공이라고 합니다.

(2) 불법감시 단속 공익 신고 등

불법행위를 밝혀내기 위해서는 불법감시 단속 신고에 대한 조사·수사·소송에서 불법감시 단속 신고자가 아닌 제3자가 관련 사실을 진술·

증언하거나 자료를 제공하는 등 협조가 필요한 경우가 있습니다.

또한, 불법감시 단속 신고자의 신고로 인하여 불이익을 받게 된 경우에 이를 구제하기 위한 조사·소송 등에서 불법감시 단속 신고자가 아닌 제3자가 관련 사실을 진술·증언하거나 자료를 제공하는 것이 필요한 경우도 있습니다.

이와 같이 불법감시 단속 신고 및 신고자 보호 조치에 관련된 조사·소송 등에서 진술·증언하거나 자료를 제공하는 행위와 불법감시 단속 신고를 포함하여 "공익신고 등"이라고 합니다.

+

- 공익신고 관련 협조 행위
  (조사·수사·소송 등의 진술·증언 및 자료 제공)
- 공익신고자 보호조치 관련 협조 행위
  (조사·소송 등의 진술·증언 및 자료 제공)

⇩

II. 주요 내용

1. 공익 단속 불법감시 단속 전문가란?

■ 불법감시 단속 전문가란 정부나 지자체 등에서 일정한 신고 포상금 제도를 만들어 실시함에 따라 해당 제도에 입각하여 실정법이나 규범을 어기거나 탈세, 범법행위를 하는 사람을 찾아서 신고함에 따라 일정한 신고포상금을 받게 되는데, 그러한 보상금이나 포상금을 받아서 소득을 올리는 직업을 공익 단속 전문가나 불법감시 단속 전문가라고 부릅니다.

■ 누구든지 불법 행위가 발생하였거나 발생할 우려가 있는 경우 신고할 수 있습니다.
■ 반드시 근로자나 업체 관계자 등 내부자로 한정하지 않습니다.

2. 불법 공익침해행위란?

■ 279개 법률에서 정하는 벌칙 또는 행정처분에 해당하는 행위를 말합니다.

3. 공익단속이나 불법감시 단속신고는 어디에?

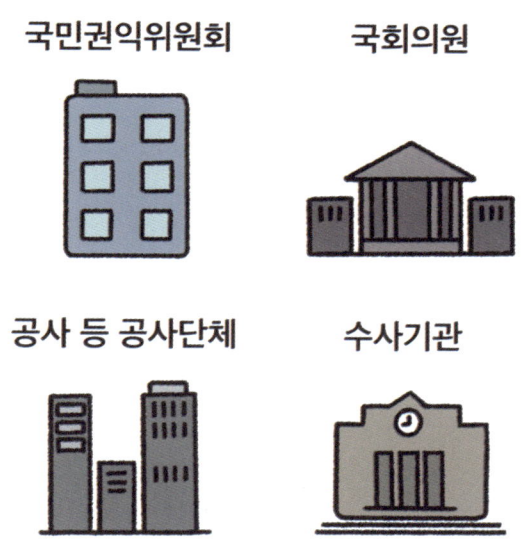

4. 불법감시 단속 신고자 보호는?

　불법감시 단속 신고자 보호는 "불법신고에 관련된 조사, 수사 등에서 진술 증언하기나 자료를 제공한 협조자에게도 제공되는 "법률상 권리"입니다
　뿐만 아니라 불법감시 단속을 해서 신고하는 신고자에 대한 보호는 법률상 권리를 떠나서 꼭 필요합니다.
　불법행위를 하는 사람을 신고했는데 그 신고자를 불법행위를 한 사람이 찾아서 보복한다면 어떤 사람이 불법행위를 신고 하겠습니까?

　굳이 보복이 두려워서가 아니라 신고자는 공익 차원에서 신고했을 뿐인데 그 신고자가 불이익을 당한다면 세상에 법이 무슨 소용 있겠습니까? 그래서 불법감시 단속 신고자는 무조건 보호해 주어야 한다는 결론입니다

5. 불법감시 단속 신고자 보상금·포상금·구조금 지급은?

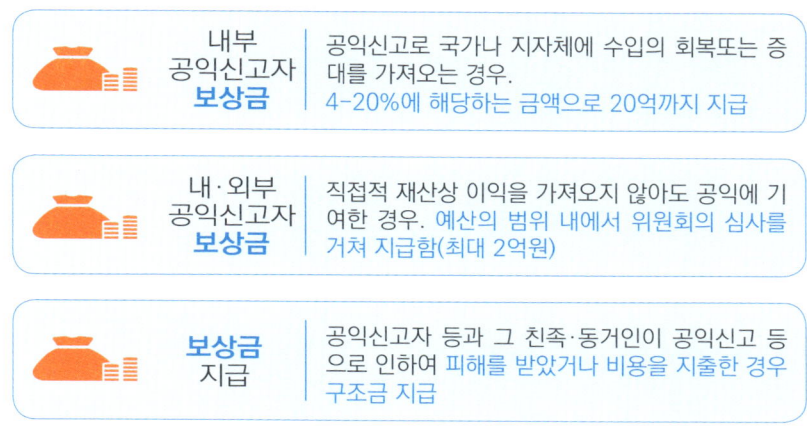

공익단속 전문가의 특성

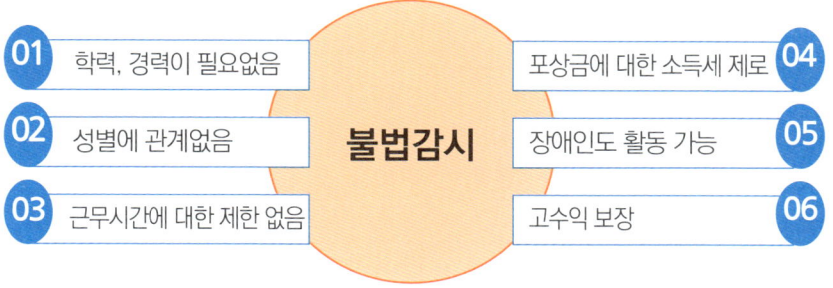

포상금 褒賞金

(가) 칭찬하고 장려하여 상으로 주는 돈.

예상외의 흥행으로, 영화사는 영화 홍보단에게 포상금을 지급했다. 회사는 개인 실적에 따른 포상금을 지급하기로 했다.

(나) 〈법률〉 각 분야에서 나라 발전에 뚜렷한 공로가 있는 사람에게 정부가 칭찬하고 장려하여 주는 돈.

메달을 딴 대표 선수들은 포상금을 받는다.

신고포상금 관련기관 홈페이지

포상금종류	신고기관	홈페이지	전화번호
가짜양주제조	대한주류산업협회	www.kalia.or.kr	02-780-6412
금융 불법브로커	중기청	www.smba.go.kr/	1357
산나물, 약초채취	산림청, 지자체	www.forest.go.kr/	담당부서
각종범죄관련	사이버경찰청	www.police.go.kr	1566-0112
간첩, 사이버테러	국가정보원	www.nis.go.kr/	111
건강식품관련	식약청	www.mfds.go.kr/	1577-1255
유사경마행위	한국마사회	www.kra.co.kr/	1566-3333
교통법규위반신고	관할경찰서	www.police.go.kr/	담당부서
금융질서위반	금감위	www.fsc.go.kr/	02-2156-8000
담배꽁초 투기	지역청소행정과	지역(시, 군, 구) 홈페이지	담당부서
동물관련 불법행위	대한수의사회	www.kvma.or.kr/	031-702-8686
밀렵, 밀거래	환경청	www.me.go.kr/	02-2110-8576
밀, 입, 출국사범신고	해양경찰서	www.kcg.go.kr	담당부서

방치된 폐공신고	한국수자원공사	www.kwater.or.kr/	042-628-3114
병역비리신고	병무청	www.mma.go.kr/	1588-9090
보험사기 신고	손해보험협회	www.knia.or.kr	02-3702-8600
부동산 관련신고	지자체(관할부서)	지역(시,군,구) 홈페이지	담당부서
부실공사신고	국토해양부	www.molit.go.kr/	지역건설관리부
부적합 철강재 신고	한국철강협회	www.kosa.or.kr	02-559-3500
부정불량식품	식약청	www.mfds.go.kr/	1577-1255
부정부패신고	국민권익위원회	www.acrc.go.kr/	1398
불법 다단계	직접 판매 공제 조합	www.macco.or.kr/	02-3498-4552
불법 담함 신고	공정위	www.ftc.go.kr/	02-2023-4010
불법대게포획	관할지자체	지역(시,군,구) 홈페이지	담당부서
불법사행성게임	경찰청, 관할경찰서	www.police.go.kr/	112, 1566-0112
불법사행성행위신고	사통감	www.ngcc.go.kr	02-3704-0516
불법성매매	검찰, 관할경찰서	www.police.go.kr	112
불법소각행위	지역청소행정과	지역(시,군,구) 홈페이지	담당부서
불법택시신고	다산콜센터	120dasan.seoul.go.kr/	120(상담필)
불법하도급신고	국토해양부	www.molit.go.kr/	1577-3221
산불신고	산림청	www.forest.go.kr/	1588-3249
선거법위반	선관위	www.nec.go.kr/	1588-3939
소나무고사목신고	산림청	www.forest.go.kr/	1588-3249
신문고시위반	공정위	www.ftc.go.kr/	044-200-4010
신용카드위장가맹점	여신금융협회	www.crefia.or.kr	02-2011-0777
신호등고장신고	다산콜센터	120dasan.seoul.go.kr/	120
쓰레기, 폐기물투기	지역청소행정과	지역(시,군,구) 홈페이지	담당부서
약사법위반	보건부, 경찰서	www.mw.go.kr/	121,291,339
원산지 미 표시	농림수산 식품부	www.mafra.go.kr/	1577-1020
위조 상품 신고	특허청	www.kipo.go.kr/	1544-8080

유사수신행위	금감위	www.fsc.go.kr/	02-2156-8000
유사휘발유	한국석유관리원	www.kpetro.or.kr/	031-789-0200
의료법위반	보건소, 관할경찰서	www.mw.go.kr/	121,291,339
일회용품위반	지역청소행정과	지역(시,군,구) 홈페이지	담당부서
저작권관련신고	시네티즌	www.cinetizen.com/	02-389-7011
전선도난신고	한국전력공사	www.kepco.co.kr	123
주가조작신고	증권선물거래소	www.krx.co.kr/	1577-0088
지역특산물보호	관할지자체	지역(시,군,구) 홈페이지	담당부서
직업소개, 허위광고	노동부	www.moel.go.kr/	1544-1350
청소년 보호법 위반	보건부, 관할경찰서	www.mw.go.kr/	121,291,339
탈세제보	국세청, 관할세무서	www.nts.go.kr/	1588-0080
토지거래위반신고	지역관할부서	지역(시,군,구) 홈페이지	토지관련부서
화물 운송 불법 신고	지자체 화물담당	지역(시,군,구) 홈페이지	교통담당과
환경오염	환경부	www.me.go.kr/	02-2110-6576
휴대폰불법복제	복제신고센터	www.mobilecopy112.or.kr	02-518-1112
학원부조리신고	지역교육지원청	moe.go.kr	02-2100-6374
도서정가제위반	문화체육부	www.mcst.go.kr	044-203-2000
현금영수증미발급신고	국세청	www.nts.go.kr	1588-0080
소방법위반	관할지역소방서		

탈세제보 포상금 한도액이 계속 늘어난다.(언론 보도 참고)

국회에서 의결된 [시행 2014.1.1] [법률 제12162호, 2014.1.1 , 일부개정] 국세기본법 일부 개정 법률이 공포됐다.

개정된 이유는 효율적인 복지행정 및 조세정책 발전을 위한 학습 연구를 지원하기 위하여 국세청의 과세정보 제공 범위를 확대하고, 세무조사 기간 연장 사유를 제한하는 등 세무조사에 대한 절차적 통제를 강화하여, 납세자 보호위원회 설립 근거를 법률에 직접 규정하여 일반 국민의 재산권 보장을 강화하는 한편, 조세체계의 안정성을 도모하고 예측 가능한 조세정책 방향성을 제시하기 위하여 정부로 하여금 조세정책 운용 계획을 수립하여 국회에 보고하도록 하려는 것이다.

그중에서도 국세기본법 '제84조의 2제1항' 탈세제보에 대한 유인을 높이기 위하여 1억 원이던 한도가 2013년 10억 원으로 인상된 데 이어 2014년 20억 원, 2015년 30억 원, 지난해 40억 원으로 꾸준히 상향 조정됐다.

국세청 탈세 신고포상금의 경우는 현재 한도가 40억 원에 달한다.

탈세제보의 종류와 해당 포상금

탈세제보의 종류에는 ▶탈세제보 포상금 ▶차명계좌 신고 포상금이 있고, 그 외에도 ▶체납자 은닉 재산 신고포상금 ▶신용카드 결제 거부 현금영수증 발급거부 신고포상금 ▶현금영수증 미 발급 신고포상금 ▶해외 금융 계좌 신고포상금이 있다

각 포상금 종류에 따라 한도액도 차이가 있는데 '탈세제보 포상금'은 한도액이 위에서 언급한 바와 같이 20억 원으로 변경되었고, '차명계좌 신고 포상금'은 계좌 건당 100만 원의 한도액이 있다.

다른 포상금들도 종류에 따라 각기 포상 한도액이 정해져 있다.

(자세한 내용은 아래표 참조)

포상금 종류	한도액
탈세제보포상금	20억 원
차명계좌 신고 포상금	계좌 건당 100만원
체납자 은닉재산 신고포상금	20억 원
신용카드 결제거부 현금영수증 발급 거부 신고포상금	해당금액20%.건당50만원 (연간200만원)
현금영수증 미발급 신고포상금	해당금액20%건당300만원한도 (연간1500만원)
명의위장사업자 신고포상금	신고건별 100만원
해외금융계좌 신고포상금	20억 원

포상금은 지급 기준도 일반 조세탈루와 조세범칙 행위의 탈세 신고 포상금 지급 기준은 모두 5%

(20억 원 초과), 10%(5억~20억 원), 15%(5000만~5억 원)으로 금액에 따라 차등적으로 적용된다.

지급기준금액도 탈루 세액 1억 원 5천만 원 이상으로 완화했다.

탈세자(기업) 신고 후 진행처리 방법

국세청은 신고가 들어올 경우에 해당 신고내용을 '과세 활용자료'인지 '누적 관리 자료'인지를 분류하여 '과세 활용자료'일 경우에는 세무조사 실시나 현장 확인을 실시하고, '누적 관리자료'일 경우에는 추후에 세무조사 등에 활용합니다.

공정위, 담합 신고 포상금 20억 원→30억 원 상향(언론 보도 참고)
방문판매법 위반 신고 포상금 체계 신설

공정거래위원회가 담합행위 등 공정거래법 위반 신고자에 대한 포상금을 크게 높인다.

5일 공정거래위원회는 공정거래법 위반행위 신고자에 대한 포상금 지급에 관한 규정을 개정해 오는 6일부터 시행한다고 밝혔습니다.

우선 담합행위 신고자에 대한 최고 지급 한도액이 기존 20억 원에서 30억 원으로 높아집니다.

또한 담합행위의 전체적인 지급 기본액을 높이기 위해 산정기준도 늘어납니다.

현행 담합에 대한 지급구간 및 지급기준들은 5억원 이하 10%, 5억 원~50억 원 5%, 50억 원 초과 1%이지만 개정 후에는 50억 원 이하 10%, 50억 원 초과~200억 원 5%, 200억 원 초과 2%로 변경합니다.

이에 따라 신고자는 기존에 비해 2배 이상의 포상금을 지급받을 거라는 분석입니다.

참고로 과징금 1천억 원이 부과될 경우 현행대로라면 12억 2000만 원을 지급받지만 개정 고시를 적용하면 28억 5000만 원을 받게 됩니다.

부당지원행위에 대한 포상금도 대폭 상향 조정됩니다.

현행 최고 한도액 1억 원이 10억 원으로 대폭 늘어나고, 구간별 지급 기준율도 기존 △5억 원 이하 4%, 5억 원~50억 원 1%, 50억 원 초과 0.5%이던 것이 개정 후에는 △5억 원 이하 10%, 5억 원~50억 원 5%, 50억 원 초과로 1%로 조정됩니다.

아울러 부당한 고객 유인행위, 대규모 소매점업 고시 위반, 사업자단체 금지행위, 시원 판매행위, 신문 판매고 시 위반행위 등의 포상금 지급액도 상향 조정됩니다.

1000만 원에서 1억 원까지 다양하던 최고 한도액이 모두 1억 원으로, 구간별 기준율도 △5억 원 이하 5%, 5억 원~50억 원 3%, 50억 원 초과 1%로 동일해집니다.

한편 방문판매법 위반행위에 대한 포상금 기준도 신설됩니다.

구간별로 1억 원 이하는 500만 원,

1억 원~10억 원 이하는 700만 원,

10억 원 초과 1000만 원 등의 지급기본액이 상향조정됩니다.

공정위 시장 감시 총괄 과장은 "담합 행위 포상금 지급 수준이 상향됨에 따라 내부 임직원 등에 의한 신고가 활성화되어 적발 가능성이 한층 높아질 것으로 기대된다."고 말했습니다.

부록 I

공익신고자 보호법

제1장 총 칙
제2장 공익신고
제3장 공익신고자등의 보호
제4장 보상금, 포상금 및 구조금
제5장 벌 칙
　　　부 칙

제1장 총 칙

제1조(목적) 이 법은 공익을 침해하는 행위를 신고한 사람 등을 보호하고 지원함으로써 국민생활의 안정과 투명하고 깨끗한 사회풍토의 확립에 이바지함을 목적으로 한다.

제2조(정의) 이 법에서 사용하는 용어의 정의는 다음과 같다.
 1. "공익침해행위"란 국민의 건강과 안전, 환경, 소비자의 이익 및 공정한 경쟁을 침해하는 행위로서 다음 각 목의 어느 하나에 해당하는 행위를 말한다.
   가. 별표에 규정된 법률의 벌칙에 해당하는 행위
   나. 별표에 규정된 법률에 따라 인허가의 취소처분, 정지처분 등 대통령령으로 정하는 행정처분의 대상이 되는 행위
 2. "공익신고"란 제6조 각 호의 어느 하나에 해당하는 자에게 공익침해행위가 발생하였거나 발생할 우려가 있다는 사실을 신고·진정·제보·고소·고발하거나 공익침해행위에 대한 수사의 단서를 제공하는 것을 말

한다. 다만, 다음 각 목의 어느 하나에 해당하는 경우는 공익신고로 보지 아니한다.
  가. 공익신고 내용이 거짓이라는 사실을 알았거나 알 수 있었음에도 불구하고 공익신고를 한 경우
  나. 공익신고와 관련하여 금품이나 근로관계상의 특혜를 요구하거나 그 밖에 부정한 목적으로 공익신고를 한 경우
3. "공익신고등"이란 공익신고와 공익신고에 대한 조사·수사·소송 및 공익신고자 보호조치에 관련된 조사·소송 등에서 진술·증언하거나 자료를 제공하는 것을 말한다.
4. "공익신고자"란 공익신고를 한 사람을 말한다.
5. "공익신고자등"이란 공익신고자와 공익신고에 대한 조사·수사·소송 및 공익신고자 보호 조치에 관련된 조사·소송 등에서 진술·증언하거나 자료를 제공한 사람을 말한다.
6. "불이익조치"란 다음 각 목의 어느 하나에 해당하는 조치를 말한다.
  가. 파면, 해임, 해고, 그 밖에 신분상실에 해당하는 신분상의 불이익조치
  나. 징계, 정직, 감봉, 강등, 승진 제한, 그 밖에 부당한 인사조치
  다. 전보, 전근, 직무 미부여, 직무 재배치, 그 밖에 본인의 의사에 반하는 인사조치
  라. 성과평가 또는 동료평가 등에서의 차별과 그에 따른 임금 또는 상여금 등의 차별 지급
  마. 교육 또는 훈련 등 자기계발 기회의 취소, 예산 또는 인력 등 가용자원의 제한 또는 제거, 보안정보 또는 비밀정보 사용의 정지 또는 취급

자격의 취소, 그 밖에 근무조건 등에 부정적 영향을 미치는 차별 또는 조치

　바. 주의 대상자 명단 작성 또는 그 명단의 공개, 집단 따돌림, 폭행 또는 폭언, 그 밖에 정신적 신체적 손상을 가져오는 행위

　사. 직무에 대한 부당한 감사(監査) 또는 조사나 그 결과의 공개

　아. 인허가 등의 취소, 그 밖에 행정적 불이익을 주는 행위

　자. 물품계약 또는 용역계약의 해지(解止), 그 밖에 경제적 불이익을 주는 조치

7. "내부 공익신고자"란 다음 각 목의 어느 하나에 해당하는 공익신고자를 말한다.

　가. 피신고자인 공공기관, 기업, 법인, 단체 등에 소속되어 근무하거나 근무하였던 자

　나. 피신고자인 공공기관, 기업, 법인, 단체 등과 공사·용역계약 또는 그 밖의 계약에 따라 업무를 수행하거나 수행하였던 자

　다. 그 밖에 대통령령으로 정하는 자

제3조(국가 등의 책무)

① 국가 또는 지방자치단체는 공익침해행위의 예방과 확산 방지 및 공익신고자등의 보호를 위하여 노력하여야 한다.

② 기업은 직장 내 공익신고자등이 보호받을 수 있는 여건을 조성하도록 노력하여야 한다.

③ 국가 또는 지방자치단체는 기업의 공익침해행위 예방활동 등이 활성화

될 수 있도록 지원하거나 협력할 수 있다.

제4조(국민권익위원회의 정책수립)

① 공익신고자등을 보호하고 지원하기 위하여 국민권익위원회(이하"위원회"라 한다)는 다음 각 호에 대한 정책을 수립하여야 한다.
1. 공익신고의 접수 및 처리 등에 관한 사항
2. 공익신고자등의 비밀보장 및 신변보호 등에 관한 사항
3. 공익신고자등에 대한 불이익조치 금지 및 보호조치 등에 관한 사항
4. 공익신고자등에 대한 보상금·구조금 지급에 관한 사항
5. 공익신고자 보호제도에 관한 교육 및 홍보 등에 관한 사항

② 위원회는 제1항에 따른 정책을 효율적으로 수립하기 위하여 필요한 경우에는 제6조 각 호의 기관에 대하여 공익신고 처리 및 보호조치 현황 등에 관한 실태조사를 할 수 있다.

③ 제2항에 따른 실태조사의 방법·절차 등에 필요한 사항은 대통령령으로 정한다.

제5조(다른 법률과의 관계)

공익신고자등의 보호와 관련하여 이 법과 다른 법률의 적용이 경합하는 경우에는 이 법을 우선 적용하되, 다른 법률을 적용하는 것이 공익신고자등에게 유리한 경우에는 그 법을 적용한다.

제2장 공익신고

제6조(공익신고)

누구든지 공익침해행위가 발생하였거나 발생할 우려가 있다고 인정하는 경우에는 다음 각 호의 어느 하나에 해당하는 자에게 공익신고를 할 수 있다.
1. 공익침해행위를 하는 사람이나 기관·단체·기업 등의 대표자 또는 사용자
2. 공익침해행위에 대한 지도·감독·규제 또는 조사 등의 권한을 가진 행정기관이나 감독기관(이하 "조사기관"이라 한다)
3. 수사기관
4. 위원회
5. 그 밖에 공익신고를 하는 것이 공익침해행위의 발생이나 그로 인한 피해의 확대방지에 필요하다고 인정되어 대통령령으로 정하는 자

제7조(공직자의 공익신고 의무)

「부패방지 및 국민권익위원회의 설치와 운영에 관한 법률」제2조제3호에 따른 공직자(이하 "공직자"라 한다)는 그 직무를 하면서 공익침해행위를 알게된 때에는 이를 조사기관, 수사기관 또는 위원회에 신고하여야 한다.

제8조(공익신고의 방법)

① 공익신고를 하려는 사람은 다음 각 호의 사항을 적은 문서(전자문서를 포함한다. (이하 "신고서"라 한다)와 함께 공익침해행위의 증거 등을 첨

부하여 제6조 각 호의
어느 하나에 해당하는 자에게 제출하여야 한다.
1. 공익신고자의 이름, 주민등록번호, 주소 및 연락처 등 인적사항
2. 공익침해행위를 하는 자
3. 공익침해행위 내용
4. 공익신고의 취지와 이유
② 제1항에도 불구하고 신고서를 제출할 수 없는 특별한 사정이 있는 경우에는 구술(口述)로 신고할 수 있다. 이 경우 증거 등을 제출하여야 한다.
③ 제2항의 구술신고를 받은 자는 신고서에 공익신고자가 말한 사항을 적은 후 공익신고자에게 읽어 들려주고 공익신고자가 서명하거나 도장을 찍도록 하여야 한다.

제9조(신고내용의 확인 및 이첩 등)
① 위원회가 공익신고를 받은 때에는 공익신고자의 인적사항, 공익신고의 경위 및 취지 등 신고내용의 특정에 필요한 사항 등을 확인할 수 있다.
② 위원회는 제1항의 사항에 대한 진위여부를 확인하는 데 필요한 범위에서 공익신고자에게 필요한 자료의 제출을 요구할 수 있다.
③ 위원회는 제2항에 따른 사실 확인을 마친 후에는 바로 해당 조사기관이나 수사기관에 이첩하고, 그 사실을 공익신고자에게 통보하여야 한다.
④ 제3항에 따라 공익신고를 이첩받은 조사기관이나 수사기관은 조사·수사 종료 후 조사결과 또는 수사결과를 위원회에 통보하여야 한다. 이 경우 위원회는 조사결과 또는 수사결과의 요지를 공익신고자에게 통지하

여야 한다.

⑤ 위원회는 제4항에 따라 조사결과를 통보받은 후 공익침해행위의 확산 및 재발 방지를 위하여 필요하다고 인정하면 제10조제4항에 따라 해당 조사기관이 조사결과에 따라 취한 필요한 조치 외에 관계 법령에 따른 다음 각 호의 조치에 관한 의견을 제시할 수 있다.

1. 제품의 제조·판매중지, 회수 또는 폐기 등
2. 영업정지, 자격정지 등
3. 그 밖에 해당 공익침해행위 제거 및 예방 등을 위하여 필요한 조치

⑥ 제4항의 통지를 받은 공익신고자는 대통령령으로 정하는 바에 따라 위원회에 조사결과 또는 수사결과에 대한 이의신청을 할 수 있다.

⑦ 위원회는 조사기관이나 수사기관의 조사·수사가 충분하지 아니하였다고 인정하거나 제6항에 따른 이의신청에 이유가 있다고 인정하는 경우 조사기관이나 수사기관에 재조사·재수사를 요구할 수 있다.

⑧ 재조사·재수사를 요구받은 조사기관이나 수사기관은 재조사·재수사 종료 후 그 결과를 위원회에 통보하여야 한다. 이 경우 위원회는 공익신고자에게 재조사·재수사 결과의 요지를 통지하여야 한다.

제10조(공익신고의 처리)

① 조사기관은 공익신고를 받은 때와 위원회로부터 공익신고를 이첩 받은 때에는 그 내용에 관하여 필요한 조사를 하여야 한다.

② 조사기관은 공익신고가 다음 각 호의 어느 하나에 해당하는 경우에는 조사를 하지 아니 하거나 중단하고 끝낼 수 있다.

1. 공익신고의 내용이 명백히 거짓인 경우
2. 공익신고자의 인적사항을 알 수 없는 경우
3. 공익신고자가 신고서나 증명자료 등에 대한 보완 요구를 2회 이상 받고도 보완 기간에 보완하지 아니한 경우
4. 공익신고에 대한 처리 결과를 통지받은 사항에 대하여 정당한 사유 없이 다시 신고한 경우
5. 공익신고의 내용이 언론매체 등을 통하여 공개된 내용에 해당하고 공개된 내용 외에 새로운 증거가 없는 경우
6. 다른 법령에 따라 해당 공익침해행위에 대한 조사가 시작되었거나 이미 끝난 경우
7. 그 밖에 공익침해행위에 대한 조사가 필요하지 아니하다고 대통령령으로 정하는 경우

③ 조사기관은 제2항에 따라 조사하지 아니하기로 하거나 조사를 중단하고 끝낸 때에는 바로 그 사실을 공익신고자에게 통보하여야 한다.

④ 조사기관은 공익신고에 대한 조사를 끝냈을 때에는 조사결과에 따라 필요한 조치를 취하고 그 결과를 공익신고자에게 통보하여야 한다.

⑤ 제6조에 따라 공익신고를 접수한 기관의 종사자 등은 공익신고에 대한 조사결과 공익침해행위가 발견되기 전에는 피신고자의 인적사항 등을 포함한 신고내용을 공개하여서는 아니 된다.

⑥ 조사기관이 그 관할에 속하지 아니하는 공익신고를 접수하였거나 이송 또는 이첩받은 때에는 바로 해당 조사기관에 이송하여야 하고 그 사실을 공익신고자에게 통지하여야 한다.

제10조의2(공익신고 통합정보시스템 구축·운영)

① 위원회는 공익신고의 접수·처리 현황 등을 관리하는 통합정보시스템(이하 "통합정보시스템"이라 한다)을 구축·운영할 수 있다.

② 위원회는 통합정보시스템의 구축·운영을 위하여 필요한 경우에는 제6조 각 호의 기관에게 공익신고의 접수 및 처리 등에 관한 자료·정보의 제공을 요청하고 제공받은 목적의 범위에서 그 자료·정보를 보유·이용할 수 있다. 이 경우 자료·정보의 제공을 요청받은 자는 특별한 사유가 없으면 이에 협조하여야 한다.

③ 위원회는 제2항에 따라 보유·이용하는 자료·정보의 보호를 위하여 필요한 조치를 하여야 한다.

제3장 공익신고자등의 보호

제11조(인적사항의 기재 생략 등)

① 공익신고자등이나 그 친족 또는 동거인이 공익신고등을 이유로 피해를 입거나 입을 우려가 있다고 인정할 만한 상당한 이유가 있는 경우에 조사 및 형사절차에서「특정범죄신고자 등 보호법」제7조, 제9조부터 제12조까지의 규정을 준용한다.

② 공익신고자등이나 그 법정대리인은 조사기관 또는 수사기관에 제1항에 따른 조치를 하도록 신청할 수 있다. 이 경우 조사기관 또는 수사기관은

특별한 사유가 없으면 이에 따라야 한다.

제12조(공익신고자등의 비밀보장 의무)
① 누구든지 공익신고자등이라는 사정을 알면서 그의 인적사항 이나 그가 공익신고자등임을 미루어 알 수 있는 사실을 다른 사람에게 알려주거나 공개 또는 보도하여서는 아니 된다. 다만, 공익신고자등이 동의한 때에는 그러하지 아니하다.
② 위원회는 제1항을 위반하여 공익신고자등의 인적사항이나 공익신고자등임을 미루어 알 수 있는 사실이 공개 또는 보도되었을 때에는 그 경위를 확인할 수 있다.
③ 위원회는 제2항에 따른 경위를 확인하는 데 필요하다고 인정하면 해당 공익신고자등이 공익신고등을 한 기관에 관련 자료의 제출이나 의견의 진술 등을 요청할 수 있다. 이 경우 자료의 제출이나 의견의 진술을 요청받은 해당 기관은 특별한 사유가 없으면 그 요청에 협조하여야 한다.
④ 위원회는 제1항을 위반하여 공익신고자등의 인적사항이나 공익신고자등임을 미루어 알 수 있는 사실을 다른 사람에게 알려주거나 공개 또는 보도한 사람의 징계권자에게 그 사람에 대한 징계 등 필요한 조치를 요구할 수 있다.

제13조(신변보호조치)
① 공익신고자등과 그 친족 또는 동거인은 공익신고등을 이유로 생명·신체에 중 대한 위해를 입었거나 입을 우려가 명백한 경우에는 위원회에

신변보호에 필요한 조치(이하 "신변보호조치"라 한다)를 요구할 수 있다. 이 경우 위원회는 필요하다고 인정되면 경찰관서의 장에게 신변보호조치를 하도록 요청할 수 있다.

② 제1항에 따른 신변보호조치를 요청받은 경찰관서의 장은 대통령령으로 정하는 바에 따라 즉시 신변보호조치를 하여야 한다.

제14조(책임의 감면 등)

① 공익신고등과 관련하여 공익신고자등의 범죄행위가 발견된 경우에는 그 형을 감경하거나 면제할 수 있다.

② 공익신고등과 관련하여 발견된 위법행위 등을 이유로 공익신고자등에게 징계를 하거나 불리한 행정처분을 하는 경우 위원회는 공익신고자등의 징계권자나 행정처분권자에게 그 징계나 행정처분의 감경 또는 면제를 요구할 수 있다. 이 경우 요구를 받은 자는 정당한 사유가 있는 경우 외에는 그 요구에 따라야 한다.

③ 공익신고등의 내용에 직무상 비밀이 포함된 경우에도 공익신고자등은 다른 법령, 단체협약, 취업규칙 등에 따른 직무상 비밀준수 의무를 위반하지 아니한 것으로 본다.

④ 피신고자는 공익신고등으로 인하여 손해를 입은 경우에도 공익신고자등에게 그 손해배상을 청구할 수 없다. 다만, 제2조제2호가목 및 나목에 해당하는 경우에는 손해배상을 청구할 수 있다.

⑤ 단체협약, 고용계약 또는 공급계약 등에 공익신고등을 금지하거나 제한하는 규정을 둔 경우 그 규정은 무효로 한다.

⑥ 위원회는 제2항에 따른 징계나 행정처분의 감경 또는 면제를 요구하는 데 필요하다고 인정하면 징계권자나 행정처분권자 또는 해당 공익신고 자등이 공익신고등을 한 기관에 관련 자료의 제출이나 의견의 진술 등을 요청할 수 있다. 이 경우 자료의 제출이나 의견의 진술을 요청받은 해당 기관은 특별한 사유가 없으면 그 요청에 협조하여야 한다.

제15조(불이익조치 등의 금지)
① 누구든지 공익신고자등에게 공익신고등을 이유로 불이익조치를 하여서는 아니 된다.
② 누구든지 공익신고등을 하지 못하도록 방해하거나 공익신고자등에게 공익신고등을 취소하도록 강요하여서는 아니 된다.

제16조(인사조치의 우선적 고려)
공익신고자등의 사용자 또는 인사권자는 공익신고자등이 전직 또는 전출·전입, 파견근무 등 인사에 관한 조치를 요구하는 경우 그 요구내용이 타당하다고 인정할 때에는 이를 우선적으로 고려하여야 한다.

제17조(보호조치 신청)
① 공익신고자등은 공익신고등을 이유로 불이익조치를 받은 때(공익침해행위에 대한 증거자료의 수집 등 공익신고를 준비하다가 불이익조치를 받은 후 공익신고를 한 경우를 포함한다)에는 위원회에 원상회복이나 그 밖에 필요한 조치(이하 "보호조치"라 한다)를 신청할 수 있다.

② 보호조치는 불이익조치가 있었던 날(불이익조치가 계속된 경우에는 그 종료일)부터 3개월 이내에 신청하여야 한다. 다만, 공익신고자등이 천재지변, 전쟁, 사변, 그 밖에 불가항력의 사유로 3개월 이내에 보호조치를 신청할 수 없었을 때에는 그 사유가 소멸한 날부터 14일(국외에서의 보호조치 요구는 30일) 이내에 신청할 수 있다.

③ 다른 법령에 공익신고등을 이유로 받은 불이익조치에 대한 행정적 구제(救濟)절차가 있는 경우 공익신고자등은 그 절차에 따라 구제를 청구할 수 있다. 다만, 제1항에 따라 공익신고자등이 보호조치를 신청한 경우에는 그러하지 아니하다.

④ 보호조치의 신청 방법 및 절차에 필요한 사항은 대통령령으로 정한다.

제18조(보호조치 신청의 각하)

위원회는 보호조치의 신청이 다음 각 호의 어느 하나에 해당하는 경우에는 결정으로 신청을 각하(却下)할 수 있다.

1. 공익신고자등 또는 「행정절차법」 제12조제1항에 따른 대리인이 아닌 사람이 신청한 경우
2. 공익신고가 제10조제2항 각 호의 어느 하나에 해당하는 경우
3. 제17조제2항에 따른 신청기간이 지나 신청한 경우
4. 각하결정, 제20조제1항에 따른 보호조치결정 또는 기각결정을 받은 동일한 불이익조치에 대하여 다시 신청한 경우
5. 제20조제2항에 따라 위원회가 보호조치를 권고한 사항에 대하여 다시 신청한 경우

6. 다른 법령에 따른 구제절차를 신청한 경우

7. 다른 법령에 따른 구제절차에 의하여 이미 구제받은 경우

제19조(보호조치 신청에 대한 조사)

① 위원회는 보호조치를 신청받은 때에는 바로 공익신고자등이 공익신고 등을 이유로 불이익조치를 받았는지에 대한 조사를 시작하여야 한다. 이 경우 위원회는 공익신고자등이 보호조치를 신청한 사실을 조사기관에 통보할 수 있다.

② 위원회는 보호조치의 신청에 대한 조사에 필요하다고 인정하면 다음 각 호의 어느 하나에 해당하는 자에게 관련 자료의 제출을 요구할 수 있다.

1. 보호조치를 신청한 사람(이하 "신청인"이라 한다)

2. 불이익조치를 한 자

3. 참고인

4. 관계 기관·단체 또는 기업

③ 위원회는 제2항제1호부터 제3호까지의 자에게 출석을 요구하여 진술을 청취하거나 진술서의 제출을 요구할 수 있다.

④ 위원회는 조사 과정에서 관계 당사자에게 충분한 소명(疏明) 기회를 주어야 한다.

⑤ 제1항 후단에 따라 통보받은 조사기관은 위원회의 보호조치 신청에 대한 조사와 관련하여 대통령령으로 정하는 바에 따라 협력하여야 한다.

제20조(보호조치결정 등)

① 위원회는 조사 결과 신청인이 공익신고등을 이유로 불이익조치(제2조제6호아목 및 자목에 해당하는 불이익조치는 제외한다)를 받았다고 인정될 때에는 불이익조치를 한 자에게 30일 이내의 기간을 정하여 다음 각 호의 보호조치를 취하도록 요구하는 결정(이하 "보호조치결정"이라 한다)을 하여야 하며, 신청인이 공익신고등을 이유로 불이익조치를 받았다고 인정되지 아니하는 경우에는 보호조치 요구를 기각하는 결정(이하 "기각결정"이라 한다)을 하여야 한다.

1. 원상회복 조치
2. 차별 지급되거나 체불(滯拂)된 보수 등(이자를 포함한다)의 지급
3. 그 밖에 불이익조치에 대한 취소 또는 금지

② 위원회는 조사 결과 신청인이 공익신고등을 이유로 제2조제6호아목 또는 자목에 해당하는 불이익 조치를 받았다고 인정될 때에는 불이익조치를 한 자에게 30일 이내의 기간을 정하여 인허가 또는 계약 등의 효력 유지 등 필요한 보호조치를 취할 것을 권고(이하 "권고"라 한다)할 수 있다.

③ 제18조에 따른 각하결정, 제1항에 따른 보호조치결정과 기각결정 및 제2항에 따른 권고는 서면으로 하여야 하며, 신청인과 불이익조치를 한 자에게 모두 통보하여야 한다.

④ 위원회는 보호조치결정을 하는 경우에는 공익신고등을 이유로 불이익조치를 한 자의 징계권자에게 그에 대한 징계를 요구할 수 있다.

⑤ 제1항제2호에 따른 차별 지급되거나 체불된 보수 등의 지급 기준 및 산

정방법 등에 관하여 필요한 사항은 대통령령으로 정한다.

제20조의2(특별보호조치)

① 내부 공익신고자가 신고 당시 공익침해행위가 발생하였다고 믿을 합리적인 이유를 가지고 있는 경우 위원회는 보호조치결정을 할 수 있다.
② 제1항에 따른 특별보호조치결정에 대하여는 제20조, 제21조, 제21조의2를 준용한다.

제21조(보호조치결정 등의 확정)

① 신청인과 불이익조치를 한 자는 보호조치결정, 기각결정또는 각하 결정에 대하여 그 결정서를 받은 날부터 30일 이내에 「행정소송법」에서 정하는 바에 따라 행정소송을 제기할 수 있다.
② 제1항에 따른 기간까지 행정소송을 제기하지 아니하면 보호조치결정, 기각결정 또는 각하결정은 확정된다.
③ 보호조치결정, 기각결정 또는 각하결정에 대하여는 「행정심판법」에 따른 행정심판을 청구할 수 없다.
④ 보호조치결정, 기각결정 또는 각하결정은 제1항에 따른 행정소송의 제기에 의하여 그 효력이 정지되지 아니한다.

제21조의2(이행강제금)

① 위원회는 제20조제1항에 따른 보호조치결정을 받은 후 그 정해진 기한까지 보호조치를 취하지 아니한 자에게는 2천만원 이하의 이행강제금

을 부과한다. 다만, 국가 또는 지방자치단체는 제외한다.
② 위원회는 제1항에 따른 이행강제금을 부과하기 30일 전까지 이행강제금을 부과·징수한다는 뜻을 미리 문서로 알려 주어야 한다.
③ 위원회는 제1항에 따른 이행강제금을 부과할 때에는 이행강제금의 금액, 부과 사유, 납부기한, 수납기관, 이의제기 방법 및 이의제기 기관 등을 명시한 문서로 하여야 한다.
④ 위원회는 보호조치결정을 한 날을 기준으로 매년 2회의 범위에서 보호조치가 이루어질 때까지 반복하여 제1항에 따른 이행강제금을 부과·징수할 수 있다. 이 경우 이행강제금은 2년을 초과하여 부과·징수하지 못한다.
⑤ 위원회는 불이익조치를 한 자가 보호조치를 하면 새로운 이행강제금을 부과하지 아니하되, 이미 부과된 이행강제금은 징수하여야 한다.
⑥ 위원회는 이행강제금 납부의무자가 납부기한까지 이행강제금을 내지 아니하면 기간을 정하여 독촉을 하고 지정된 기간에 제1항에 따른 이행강제금을 내지 아니하면 국세 체납처분의 예에따라 징수할 수 있다.
⑦ 제1항에 따른 이행강제금의 부과기준, 징수절차 등에 필요한 사항은 <u>대통령령</u>으로 정한다.

제22조(불이익조치 금지 신청)

① 공익신고자등은 공익신고등을 이유로 불이익조치를 받을 우려가 명백한 경우(공익침해행위에 대한 증거자료의 수집 등 공익신고의 준비 행위를 포함한다)에는 위원회에 불이익조치 금지를 신청할 수 있다.

② 위원회는 불이익조치 금지 신청을 받은 때에는 바로 공익신고자등이 받을 우려가 있는 불이익조치가 공익신고등을 이유로 한 불이익조치에 해당하는지에 대한 조사를 시작하여야 한다.
③ 불이익조치 금지 신청에 관하여는 제18조, 제19조 및 제20조제1항부터 제3항까지의 규정을 준용한다.
④ 위원회는 조사 결과 공익신고자등이 공익신고등을 이유로 불이익조치를 받을 우려가 있다고 인정될 때에는 불이익조치를 하려는 자에게 불이익조치를 하지 말 것을 권고하여야 한다.

제23조(불이익조치 추정)

다음 각 호의 사유가 있는 경우 공익신고자등이 해당 공익신고등을 이유로 불이익조치를 받은 것으로 추정한다.
1. 공익신고자등을 알아내려고 하거나 공익신고등을 하지 못하도록 방해하거나 공익신고등의 취소를 강요한 경우
2. 공익신고등이 있은 후 2년 이내에 공익신고자등에 대하여 불이익조치를 한 경우
3. 제22조제4항에 따른 불이익조치 금지 권고를 받고도 불이익조치를 한 경우

제24조(화해의 권고 등)

① 위원회는 보호조치의 신청을 받은 경우에는 보호조치결정, 기각결정 또는 권고를 하기 전까지 직권으로 또는 관계 당사자의 신청에 따라 보호

조치와 손해배상 등에 대하여 화해를 권고하거나 화해안을 제시할 수 있다. 이 경우 화해안에는 이 법의 목적을 위반하는 조건이 들어 있어서는 아니 된다.
② 위원회는 화해안을 작성함에 있어 관계 당사자의 의견을 충분히 들어야 한다.
③ 관계 당사자가 위원회의 화해안을 수락한 경우에는 화해조서를 작성하여 관계 당사자와 화해에 관여한 위원회 위원 전원이 서명하거나 도장을 찍도록 하여야 한다.
④ 제3항에 따라 화해조서가 작성된 경우에는 관계 당사자 간에 화해조서와 동일한 내용의 합의가 성립된 것으로 보며, 화해조서는 「민사소송법」에 따른 재판상 화해와 같은 효력을 갖는다.

제25조(협조 등의 요청)
① 제6조에 따라 공익신고를 접수한 기관이나 위원회는 신고내용에 대한 조사·처리 또는 보호조치에 필요한 경우 관계 행정기관, 상담소 또는 의료기관, 그 밖의 관련 단체 등에 대하여 협조와 원조를 요청할 수 있다.
② 제1항의 요청을 받은 관계 행정기관, 상담소 또는 의료기관, 그 밖의 관련 단체 등은 정당한 사유가 없는 한 이에 응하여야 한다.

제25조의2(정치 운동 등 신고의 특례)
① 「국가공무원법」 및 「지방공무원법」에 따른 공무원(「국가정보원직원법」 제2조에 따른 국가정보원직원을 제외한다. 이하 이 조에서 "국가공무원

등"이라 한다)은 다음 각 호의 어느 하나에 해당하는 행위를 지시 받은 경우 대통령령으로 정하는 절차에 따라 이의를 제기할 수 있으며, 시정되지 않을 경우 그 직무의 집행을 거부할 수 있다.
1. 「국가공무원법」 제65조에 따른 정치 운동
2. 「지방공무원법」 제57조에 따른 정치 운동
3. 「군형법」 제94조제1항에 따른 정치 관여

② 국가공무원등이 제1항에 따른 이의제기 절차를 거친 후 시정되지 않을 경우, 오로지 공익을 목적으로 제1항 각 호에 해당하는 행위를 지시 받은 사실을 수사기관에 신고하는 경우에는 「형법」 제127조 및 「군형법」 제80조를 적용하지 아니한다.

③ 누구든지 제2항의 신고자에게 그 신고를 이유로 불이익조치를 하여서는 아니 된다.

제4장 보상금, 포상금 및 구조금

제26조(보상금)

① 내부 공익신고자는 공익신고로 인하여 다음 각 호의 어느 하나에 해당하는 부과 등을 통하여 국가 또는 지방자치단체에 직접적인 수입의 회복 또는 증대를 가져오거나 그에 관한 법률관계가 확정된 때에는 위원회에 보상금의 지급을 신청할 수 있다.

1. 벌칙 또는 통고처분

2. 몰수 또는 추징금의 부과

3. 과태료 또는 이행강제금의 부과

4. 과징금(인허가 등의 취소·정지 처분 등을 갈음하는 과징금 제도가 있는 경우에 인허가 등의 취소·정지 처분 등을 포함한다)의 부과

5. 그 밖에 대통령령으로 정하는 처분이나 판결

② 위원회는 제1항에 따른 보상금의 지급신청을 받은 때에는 「부패방지 및 국민권익위원회의 설치와 운영에 관한 법률」 제69조에 따른 보상심의위원회(이하 "보상심의위원회"라 한다)의 심의·의결을 거쳐 대통령령으로 정하는 바에 따라 보상금을 지급하여야 한다. 다만, 공익침해행위를 관계 행정기관 등에 신고할 의무를 가진 자 또는 공직자가 자기 직무와 관련하여 공익신고를 한 사항에 대하여는 보상금을 감액하거나 지급하지 아니할 수 있다.

③ 제1항에 따른 보상금의 지급신청은 국가 또는 지방자치단체에 수입의 회복이나 증대에 관한 법률관계가 확정되었음을 안 날부터 2년 이내, 그 법률관계가 확정된 날부터 5년 이내에 하여야 한다. 다만, 정당한 사유가 있는 경우에는 그러하지 아니하다.

④ 위원회는 제1항에 따른 보상금의 지급신청이 있는 때에는 특별한 사유가 없는 한 신청일부터 90일 이내에 그 지급 여부 및 지급금액을 결정하여야 한다.

⑤ 위원회는 보상금 지급과 관련하여 조사가 필요하다고 인정되는 때에는 보상금 지급 신청인, 참고인 또는 관계 기관 등에 출석, 진술 및 자료의

제출 등을 요구할 수 있다. 보상금 지급 신청인, 참고인 또는 관계 기관 등은 위원회로부터 출석, 진술 및 자료제출 등을 요구받은 경우 정당한 사유가 없는 한 이에 따라야 한다.
⑥ 위원회는 제4항에 따른 보상금 지급결정이 있은 때에는 즉시 이를 보상금 지급 신청인과 관련 지방자치단체(지방자치단체의 직접적인 수입의 회복이나 증대 및 그에 관한 법률관계의 확정을 이유로 보상금을 지급한 경우에 한정한다)에 통지하여야 한다.

제26조의2(포상금)
① 위원회는 공익신고등으로 인하여 다음 각 호의 어느 하나에 해당되는 사유로 현저히 국가 및 지방자치단체에 재산상 이익을 가져오거나 손실을 방지한 경우 또는 공익의 증진을 가져온 경우에는 포상금을 지급할 수 있다. 다만, 제26조에 따른 보상금이나 다른 법령에 따른 보상금과 중복하여 지급할 수 없다.
1. 공익침해행위를 한 자에 대하여 기소유예, 형의 선고유예·집행유예 또는 형의 선고 등이 있는 경우
2. 시정명령 등 특정한 행위나 금지를 명하는 행정처분이 있는 경우
3. 공익침해행위 예방을 위한 관계 법령의 제정 또는 개정 등 제도개선에 기여한 경우
4. 그 밖에 대통령령으로 정하는 사유
② 제1항에 따른 포상금 지급기준, 지급대상, 절차 등에 관한 사항은 대통령령으로 정한다.

제27조(구조금)

① 공익신고자등과 그 친족 또는 동거인은 공익신고등으로 인하여 다음 각 호의 어느 하나에 해당하는 피해를 받았거나 비용을 지출한 경우 위원회에 구조금의 지급을 신청할 수 있다.

1. 육체적·정신적 치료 등에 소요된 비용
2. 전직·파견근무 등으로 소요된 이사비용
3. 원상회복 관련 쟁송절차에 소요된 비용
4. 불이익조치 기간의 임금 손실액
5. 그 밖에 중대한 경제적 손해(제2조제6호아목 및 자목은 제외한다)

② 위원회는 제1항에 따른 구조금의 지급신청을 받은 때에는 보상심의위원회의 심의·의결을 거쳐 대통령령으로 정하는 바에 따라 구조금을 지급할 수 있다.

③ 위원회는 구조금 지급과 관련하여 구조금 지급신청인과 이해관계인을 조사하거나 행정기관 또는 관련 단체에 필요한 사항을 조회할 수 있다. 이 경우 행정기관 또는 관련 단체는 특별한 사유가 없는 한 이에 따라야 한다.

④ 공익신고자등과 그 친족 또는 동거인이 제1항 각 호의 피해 또는 비용 지출을 원인으로 하여 손해배상을 받았으면 그 금액의 범위에서 구조금을 지급하지 아니한다.

⑤ 위원회가 구조금을 지급한 때에는 그 지급한 금액의 범위에서 해당 구조금을 지급받은 사람이 제1항 각 호의 피해 또는 비용 지출을 원인으로 가지는 손해배상청구권을 대위한다.

제28조(보상금 및 구조금의 중복 지급 금지 등)

① 제26조 및 제27조에 따라 보상금 또는 구조금을 지급받을 자는 다른 법령에 따라 보상금 또는 구조금 등을 청구하는 것이 금지되지 아니한다.

② 보상금 또는 구조금을 지급받을 자가 동일한 원인에 기하여 이 법에 따른 포상금을 받았거나 다른법령에 따라 보상금 또는 구조금 등을 받은 경우 그 보상금, 포상금 또는 구조금 등의 액수가 이 법에 따라 받을 보상금 또는 구조금의 액수와 같거나 이를 초과하는 때에는 보상금 또는 구조금을 지급하지 아니하며, 그 보상금, 포상금 또는 구조금 등의 액수가 이 법에 따라 지급받을 보상금 또는 구조금의 액수보다 적은 때에는 그 금액을 공제하고 보상금 또는 구조금의 액수를 정하여야 한다.

③ 다른 법령에 따라 보상금 또는 구조금 등을 받을 자가 동일한 원인에 기하여 이 법에 따른 보상금, 포상금 또는 구조금을 지급받았을 때에는 그 보상금, 포상금 또는 구조금의 액수를 공제하고 다른 법령에따른 보상금 또는 구조금 등의 액수를 정하여야 한다.

제29조(보상금과 구조금의 환수 등)

① 위원회 또는 다른 법령에 따라 보상금 또는 구조금을 지급한 기관은 다음 각 호의 어느 하나에 해당하는 사실이 발견된 경우에는 해당 보상금 또는 구조금 신청인에게 반환할 금액을 통지하여야 하고 그 보상금 또는 구조금 신청인은 이를 납부하여야 한다.

1. 보상금 또는 구조금 신청인이 거짓, 그 밖의 부정한 방법으로 보상금 또는 구조금을 지급받은 경우

2. 제28조제2항 및 제3항을 위반하여 보상금 또는 구조금이 지급된 경우
3. 그 밖에 착오 등의 사유로 보상금 또는 구조금이 잘못 지급된 경우

② 위원회로부터 제26조제6항에 따라 보상금 지급결정을 통지받은 지방자치단체는 그 통지를 받은 날부터 3개월 이내에 위원회가 보상금 지급신청인에게 지급한 보상금에 상당하는 금액을 위원회에 상환하여야 한다.

③ 위원회는 제1항과 제2항에 따라 반환 또는 상환하여야 할 보상금 또는 구조금 신청인과 지방자치단체가 납부기한까지 그 금액을 납부하지 아니한 때에는 국세 또는 지방세 체납처분의 예에 따라 징수할 수 있다.

제5장 벌칙

제30조(벌칙)

① 다음 각 호의 어느 하나에 해당하는 자는 3년 이하의 징역 또는 3천만 원 이하의 벌금에 처한다.
1. 제10조제5항을 위반하여 피신고자의 인적사항 등을 포함한 신고내용을 공개한 자
2. 제12조제1항을 위반하여 공익신고자등의 인적사항이나 공익신고자등임을 미루어 알 수 있는 사실을 다른 사람에게 알려주거나 공개 또는 보도한 자

② 다음 각 호의 어느 하나에 해당하는 자는 2년 이하의 징역 또는 2천만 원 이하의 벌금에 처한다.
1. 제15조제1항을 위반하여 공익신고자등에게 제2조 제6호가목에 해당하는 불이익조치를 한 자
2. 제21조제2항에 따라 확정되거나 행정소송을 제기하여 확정된 보호조치결정을 이행하지 아니한 자

③ 다음 각 호의 어느 하나에 해당하는 자는 1년 이하의 징역 또는 1천만 원 이하의 벌금에 처한다.
1. 제15조제1항을 위반하여 공익신고자등에게 제2조 제6호나목부터 사목까지 중 어느 하나에 해당하는 불이익조치를 한 자
2. 제15조제2항을 위반하여 공익신고등을 방해하거나 공익신고등을 취소하도록 강요한 자

제30조의2(양벌규정)

법인의 대표자나 법인 또는 개인의 대리인, 사용인, 그 밖의 종업원이 그 법인 또는 개인의 업무에 관하여 제30조의 위반행위를 하면 그 행위자를 벌하는 외에 그 법인 또는 개인에게도 해당 조문의 벌금형을 과(科)한다. 다만, 법인 또는 개인이 그 위반행위를 방지하기 위하여 해당 업무에 관하여 상당한 주의와 감독을 게을리하지 아니한 경우에는 그러하지 아니하다.

제31조(과태료)

① 제19조제2항 및 제3항(제22조제3항에서 준용하는 경우를 포함한다)을

위반하여 자료제출, 출석, 진술서의 제출을 거부한 자에게는 3천만원 이하의 과태료를 부과한다.

② 제20조의2의 특별보호조치결정을 이행하지 아니한 자에게는 2천만원 이하의 과태료를 부과한다.

③ 제1항 및 제2항에 따른 과태료는 대통령령으로 정하는 바에 따라 위원회가 부과·징수한다.

부 칙

제1조(시행일) 이 법은 공포 후 6개월이 경과한 날부터 시행한다.
제2조(적용례) 이 법은 이 법 시행 후 최초로 한 공익신고부터 적용한다.

부 칙

이 법은 공포한 날부터 시행한다.

부 칙

제1조(시행일) 이 법은 공포 후 6개월이 경과한 날부터 시행한다.
제2조(신고내용의 처리에 관한 적용례) 제9조제5항부터 제8항까지의 개정규정은 이 법 시행 당시 조사기관이나 수사기관에 이첩되어 조사·수사 중인 공익신고에 대하여도 적용한다.

제3조(이행강제금에 관한 적용례) 제21조의2의 개정규정은 이 법 시행 후 최초로 공익신고자등에게 불이익조치를 한 자부터 적용한다.

제4조(보상금에 관한 적용례) 제26조의 개정규정은 이 법 시행 후 최초의 공익신고부터 적용한다.

제5조(포상금에 관한 적용례) 제26조의2의 개정규정은 이 법 시행 전의 공익신고에 대해서도 적용한다.

부록 II

부정청탁 및 금품 등 수수의 금지에 관한 법률

(일명 : 김영란법 / 청탁 금지법)

[시행 2022. 6. 8.] [법률 제18576호, 2021. 12. 7. 일부개정]

국민권익위원회(청탁금지제도과), 044-200-7703

제1장 총칙

제1조(목적)

이 법은 공직자 등에 대한 부정청탁 및 공직자 등의 금품 등의 수수(收受)를 금지함으로써 공직자 등의 공정한 직무수행을 보장하고 공공기관에 대한 국민의 신뢰를 확보하는 것을 목적으로 한다.

제2조(정의)

이 법에서 사용하는 용어의 뜻은 다음과 같다. 〈개정 2021. 1. 5.〉
1. "공공기관"이란 다음 각 목의 어느 하나에 해당하는 기관·단체를 말한다.
  가. 국회, 법원, 헌법재판소, 선거관리위원회, 감사원, 국가인권위원회, 고위공직자범죄수사처, 중앙행정기관(대통령 소속 기관과 국무총리 소속 기관을 포함한다)과 그 소속 기관 및 지방자치단체
  나. 「공직자윤리법」 제3조의2에 따른 공직유관단체
  다. 「공공기관의 운영에 관한 법률」 제4조에 따른 기관

라. 「초·중등교육법」, 「고등교육법」, 「유아교육법」 및 그 밖의 다른 법령에 따라 설치된 각급 학교 및 「사립학교법」에 따른 학교법인

마. 「언론중재 및 피해구제 등에 관한 법률」 제2조제12호에 따른 언론사

2. "공직자등"이란 다음 각 목의 어느 하나에 해당하는 공직자 또는 공적 업무 종사자를 말한다.

가. 「국가공무원법」 또는 「지방공무원법」에 따른 공무원과 그 밖에 다른 법률에 따라 그 자격·임용·교육훈련·복무·보수·신분보장 등에 있어서 공무원으로 인정된 사람

나. 제1호나목 및 다목에 따른 공직유관단체 및 기관의 장과 그 임직원

다. 제1호라목에 따른 각급 학교의 장과 교직원 및 학교법인의 임직원

라. 제1호마목에 따른 언론사의 대표자와 그 임직원

3. "금품등"이란 다음 각 목의 어느 하나에 해당하는 것을 말한다.

가. 금전, 유가증권, 부동산, 물품, 숙박권, 회원권, 입장권, 할인권, 초대권, 관람권, 부동산 등의 사용권 등 일체의 재산적 이익

나. 음식물·주류·골프 등의 접대·향응 또는 교통·숙박 등의 편의 제공

다. 채무 면제, 취업 제공, 이권(利權) 부여 등 그 밖의 유형·무형의 경제적 이익

4. "소속기관장"이란 공직자등이 소속된 공공기관의 장을 말한다.

제3조(국가 등의 책무)

① 국가는 공직자가 공정하고 청렴하게 직무를 수행할 수 있는 근무 여건

을 조성하기 위하여 노력하여야 한다.
② 공공기관은 공직자등의 공정하고 청렴한 직무수행을 보장하기 위하여 부정청탁 및 금품등의 수수를 용인(容認)하지 아니하는 공직문화 형성에 노력하여야 한다.
③ 공공기관은 공직자등이 위반행위 신고 등 이 법에 따른 조치를 함으로써 불이익을 당하지 아니하도록 적절한 보호조치를 하여야 한다.

제4조(공직자등의 의무)
① 공직자등은 사적 이해관계에 영향을 받지 아니하고 직무를 공정하고 청렴하게 수행하여야 한다.
② 공직자등은 직무수행과 관련하여 공평무사하게 처신하고 직무관련자를 우대하거나 차별해서는 아니 된다.

제2장 부정청탁의 금지 등

제5조(부정청탁의 금지)
① 누구든지 직접 또는 제3자를 통하여 직무를 수행하는 공직자등에게 다음 각 호의 어느 하나에 해당하는 부정청탁을 해서는 아니 된다. 〈개정 2016. 5. 29., 2021. 12. 7.〉
1. 인가·허가·면허·특허·승인·검사·검정·시험·인증·확인 등 법령(조례·규칙을 포함한다. 이하 같다)에서 일정한 요건을 정하여 놓

고 직무관련자로부터 신청을 받아 처리하는 직무에 대하여 법령을 위반하여 처리하도록 하는 행위
2. 인가 또는 허가의 취소, 조세, 부담금, 과태료, 과징금, 이행강제금, 범칙금, 징계 등 각종 행정처분 또는 형벌부과에 관하여 법령을 위반하여 감경·면제하도록 하는 행위
3. 모집·선발·채용·승진·전보 등 공직자등의 인사에 관하여 법령을 위반하여 개입하거나 영향을 미치도록 하는 행위
4. 법령을 위반하여 각종 심의·의결·조정 위원회의 위원, 공공기관이 주관하는 시험·선발 위원 등 공공기관의 의사결정에 관여하는 직위에 선정 또는 탈락되도록 하는 행위
5. 공공기관이 주관하는 각종 수상, 포상, 우수기관 선정 또는 우수자·장학생 선발에 관하여 법령을 위반하여 특정 개인·단체·법인이 선정 또는 탈락되도록 하는 행위
6. 입찰·경매·개발·시험·특허·군사·과세 등에 관한 직무상 비밀을 법령을 위반하여 누설하도록 하는 행위
7. 계약 관련 법령을 위반하여 특정 개인·단체·법인이 계약의 당사자로 선정 또는 탈락되도록 하는 행위
8. 보조금·장려금·출연금·출자금·교부금·기금 등의 업무에 관하여 법령을 위반하여 특정 개인·단체·법인에 배정·지원하거나 투자·예치·대여·출연·출자하도록 개입하거나 영향을 미치도록 하는 행위
9. 공공기관이 생산·공급·관리하는 재화 및 용역을 특정 개인·단

체·법인에게 법령에서 정하는 가격 또는 정상적인 거래관행에서 벗어나 매각·교환·사용·수익·점유하도록 하는 행위
10. 각급 학교의 입학·성적·수행평가·논문심사·학위수여 등의 업무에 관하여 법령을 위반하여 처리·조작하도록 하는 행위
11. 병역판정검사, 부대 배속, 보직 부여 등 병역 관련 업무에 관하여 법령을 위반하여 처리하도록 하는 행위
12. 공공기관이 실시하는 각종 평가·판정·인정 업무에 관하여 법령을 위반하여 평가, 판정 또는 인정하게 하거나 결과를 조작하도록 하는 행위
13. 법령을 위반하여 행정지도·단속·감사·조사 대상에서 특정 개인·단체·법인이 선정·배제되도록 하거나 행정지도·단속·감사·조사의 결과를 조작하거나 또는 그 위법사항을 묵인하게 하는 행위
14. 사건의 수사·재판·심판·결정·조정·중재·화해, 형의 집행, 수용자의 지도·처우·계호 또는 이에 준하는 업무를 법령을 위반하여 처리하도록 하는 행위
15. 제1호부터 제14호까지의 부정청탁의 대상이 되는 업무에 관하여 공직자등이 법령에 따라 부여받은 지위·권한을 벗어나 행사하거나 권한에 속하지 아니한 사항을 행사하도록 하는 행위
② 제1항에도 불구하고 다음 각 호의 어느 하나에 해당하는 경우에는 이 법을 적용하지 아니한다.
1.「청원법」,「민원사무 처리에 관한 법률」,「행정절차법」,「국회법」 및 그 밖의 다른 법령·기준(제2조제1호나목부터 마목까지의 공공기관의 규

정·사규·기준을 포함한다. 이하 같다)에서 정하는 절차·방법에 따라 권리침해의 구제·해결을 요구하거나 그와 관련된 법령·기준의 제정·개정·폐지를 제안·건의하는 등 특정한 행위를 요구하는 행위
2. 공개적으로 공직자등에게 특정한 행위를 요구하는 행위
3. 선출직 공직자, 정당, 시민단체 등이 공익적인 목적으로 제3자의 고충민원을 전달하거나 법령·기준의 제정·개정·폐지 또는 정책·사업·제도 및 그 운영 등의 개선에 관하여 제안·건의하는 행위
4. 공공기관에 직무를 법정기한 안에 처리하여 줄 것을 신청·요구하거나 그 진행상황·조치결과 등에 대하여 확인·문의 등을 하는 행위
5. 직무 또는 법률관계에 관한 확인·증명 등을 신청·요구하는 행위
6. 질의 또는 상담형식을 통하여 직무에 관한 법령·제도·절차 등에 대하여 설명이나 해석을 요구하는 행위
7. 그 밖에 사회상규(社會常規)에 위배되지 아니하는 것으로 인정되는 행위

제6조(부정청탁에 따른 직무수행 금지)
부정청탁을 받은 공직자등은 그에 따라 직무를 수행해서는 아니 된다.

제7조(부정청탁의 신고 및 처리)
① 공직자등은 부정청탁을 받았을 때에는 부정청탁을 한 자에게 부정청탁임을 알리고 이를 거절하는 의사를 명확히 표시하여야 한다.
② 공직자등은 제1항에 따른 조치를 하였음에도 불구하고 동일한 부정청

탁을 다시 받은 경우에는 이를 소속기관장에게 서면(전자문서를 포함한다. 이하 같다)으로 신고하여야 한다.
③ 제2항에 따른 신고를 받은 소속기관장은 신고의 경위·취지·내용·증거자료 등을 조사하여 신고 내용이 부정청탁에 해당하는지를 신속하게 확인하여야 한다.
④ 소속기관장은 부정청탁이 있었던 사실을 알게 된 경우 또는 제2항 및 제3항의 부정청탁에 관한 신고·확인 과정에서 해당 직무의 수행에 지장이 있다고 인정하는 경우에는 부정청탁을 받은 공직자등에 대하여 다음 각 호의 조치를 할 수 있다.
1. 직무 참여 일시중지
2. 직무 대리자의 지정
3. 전보
4. 그 밖에 국회규칙, 대법원규칙, 헌법재판소규칙, 중앙선거관리위원회규칙 또는 대통령령으로 정하는 조치
⑤ 소속기관장은 공직자등이 다음 각 호의 어느 하나에 해당하는 경우에는 제4항에도 불구하고 그 공직자등에게 직무를 수행하게 할 수 있다. 이 경우 제20조에 따른 소속기관의 담당관 또는 다른 공직자등으로 하여금 그 공직자등의 공정한 직무수행 여부를 주기적으로 확인·점검하도록 하여야 한다.
1. 직무를 수행하는 공직자등을 대체하기 지극히 어려운 경우
2. 공직자등의 직무수행에 미치는 영향이 크지 아니한 경우
3. 국가의 안전보장 및 경제발전 등 공익증진을 이유로 직무수행의 필요성

이 더 큰 경우

⑥ 공직자등은 제2항에 따른 신고를 감독기관·감사원·수사기관 또는 국민권익위원회에도 할 수 있다.

⑦ 소속기관장은 다른 법령에 위반되지 아니하는 범위에서 부정청탁의 내용 및 조치사항을 해당 공공기관의 인터넷 홈페이지 등에 공개할 수 있다.

⑧ 제1항부터 제7항까지에서 규정한 사항 외에 부정청탁의 신고·확인·처리 및 기록·관리·공개 등에 필요한 사항은 대통령령으로 정한다.

제3장 금품등의 수수 금지 등

제8조(금품등의 수수 금지)

① 공직자등은 직무 관련 여부 및 기부·후원·증여 등 그 명목에 관계없이 동일인으로부터 1회에 100만원 또는 매 회계연도에 300만원을 초과하는 금품등을 받거나 요구 또는 약속해서는 아니 된다.

② 공직자등은 직무와 관련하여 대가성 여부를 불문하고 제1항에서 정한 금액 이하의 금품등을 받거나 요구 또는 약속해서는 아니 된다.

③ 제10조의 외부강의등에 관한 사례금 또는 다음 각 호의 어느 하나에 해당하는 금품등의 경우에는 제1항 또는 제2항에서 수수를 금지하는 금

품등에 해당하지 아니한다. 〈개정 2021. 12. 16.〉
1. 공공기관이 소속 공직자등이나 파견 공직자등에게 지급하거나 상급 공직자등이 위로·격려·포상 등의 목적으로 하급 공직자등에게 제공하는 금품등
2. 원활한 직무수행 또는 사교·의례 또는 부조의 목적으로 제공되는 음식물·경조사비·선물 등으로서 대통령령으로 정하는 가액 범위 안의 금품등. 다만, 선물 중 「농수산물 품질관리법」 제2조제1항제1호에 따른 농수산물 및 같은 항 제13호에 따른 농수산가공품(농수산물을 원료 또는 재료의 50퍼센트를 넘게 사용하여 가공한 제품만 해당한다)은 대통령령으로 정하는 설날·추석을 포함한 기간에 한정하여 그 가액 범위를 두배로 한다.
3. 사적 거래(증여는 제외한다)로 인한 채무의 이행 등 정당한 권원(權原)에 의하여 제공되는 금품등
4. 공직자등의 친족(「민법」 제777조에 따른 친족을 말한다)이 제공하는 금품등
5. 공직자등과 관련된 직원상조회·동호인회·동창회·향우회·친목회·종교단체·사회단체 등이 정하는 기준에 따라 구성원에게 제공하는 금품등 및 그 소속 구성원 등 공직자등과 특별히 장기적·지속적인 친분관계를 맺고 있는 자가 질병·재난 등으로 어려운 처지에 있는 공직자등에게 제공하는 금품등
6. 공직자등의 직무와 관련된 공식적인 행사에서 주최자가 참석자에게 통상적인 범위에서 일률적으로 제공하는 교통, 숙박, 음식물 등의 금품등

7. 불특정 다수인에게 배포하기 위한 기념품 또는 홍보용품 등이나 경연·추첨을 통하여 받는 보상 또는 상품 등
8. 그 밖에 다른 법령·기준 또는 사회상규에 따라 허용되는 금품등

④ 공직자등의 배우자는 공직자등의 직무와 관련하여 제1항 또는 제2항에 따라 공직자등이 받는 것이 금지되는 금품등(이하 "수수 금지 금품등"이라 한다)을 받거나 요구하거나 제공받기로 약속해서는 아니 된다.

⑤ 누구든지 공직자등에게 또는 그 공직자등의 배우자에게 수수 금지 금품등을 제공하거나 그 제공의 약속 또는 의사표시를 해서는 아니 된다.

제9조(수수 금지 금품등의 신고 및 처리)

① 공직자등은 다음 각 호의 어느 하나에 해당하는 경우에는 소속기관장에게 지체 없이 서면으로 신고하여야 한다.

1. 공직자등 자신이 수수 금지 금품등을 받거나 그 제공의 약속 또는 의사표시를 받은 경우
2. 공직자등이 자신의 배우자가 수수 금지 금품등을 받거나 그 제공의 약속 또는 의사표시를 받은 사실을 안 경우

② 공직자등은 자신이 수수 금지 금품등을 받거나 그 제공의 약속이나 의사표시를 받은 경우 또는 자신의 배우자가 수수 금지 금품등을 받거나 그 제공의 약속이나 의사표시를 받은 사실을 알게 된 경우에는 이를 제공자에게 지체 없이 반환하거나 반환하도록 하거나 그 거부의 의사를 밝히거나 밝히도록 하여야 한다. 다만, 받은 금품등이 다음 각 호의 어느 하나에 해당하는 경우에는 소속기관장에게 인도하거나 인도하도록

하여야 한다.
1. 멸실·부패·변질 등의 우려가 있는 경우
2. 해당 금품등의 제공자를 알 수 없는 경우
3. 그 밖에 제공자에게 반환하기 어려운 사정이 있는 경우

③ 소속기관장은 제1항에 따라 신고를 받거나 제2항 단서에 따라 금품등을 인도받은 경우 수수 금지 금품등에 해당한다고 인정하는 때에는 반환 또는 인도하게 하거나 거부의 의사를 표시하도록 하여야 하며, 수사의 필요성이 있다고 인정하는 때에는 그 내용을 지체 없이 수사기관에 통보하여야 한다.

④ 소속기관장은 공직자등 또는 그 배우자가 수수 금지 금품등을 받거나 그 제공의 약속 또는 의사표시를 받은 사실을 알게 된 경우 수사의 필요성이 있다고 인정하는 때에는 그 내용을 지체 없이 수사기관에 통보하여야 한다.

⑤ 소속기관장은 소속 공직자등 또는 그 배우자가 수수 금지 금품등을 받거나 그 제공의 약속 또는 의사표시를 받은 사실을 알게 된 경우 또는 제1항부터 제4항까지의 규정에 따른 금품등의 신고, 금품등의 반환·인도 또는 수사기관에 대한 통보의 과정에서 직무의 수행에 지장이 있다고 인정하는 경우에는 해당 공직자등에게 제7조제4항 각 호 및 같은 조 제5항의 조치를 할 수 있다.

⑥ 공직자등은 제1항 또는 같은 조 제2항 단서에 따른 신고나 인도를 감독기관·감사원·수사기관 또는 국민권익위원회에도 할 수 있다.

⑦ 소속기관장은 공직자등으로부터 제1항제2호에 따른 신고를 받은 경우

그 공직자등의 배우자가 반환을 거부하는 금품등이 수수 금지 금품등에 해당한다고 인정하는 때에는 그 공직자등의 배우자로 하여금 그 금품등을 제공자에게 반환하도록 요구하여야 한다.
⑧ 제1항부터 제7항까지에서 규정한 사항 외에 수수 금지 금품등의 신고 및 처리 등에 필요한 사항은 대통령령으로 정한다.

제10조(외부강의등의 사례금 수수 제한)

① 공직자등은 자신의 직무와 관련되거나 그 지위ㆍ직책 등에서 유래되는 사실상의 영향력을 통하여 요청받은 교육ㆍ홍보ㆍ토론회ㆍ세미나ㆍ공청회 또는 그 밖의 회의 등에서 한 강의ㆍ강연ㆍ기고 등(이하 "외부강의등"이라 한다)의 대가로서 대통령령으로 정하는 금액을 초과하는 사례금을 받아서는 아니 된다.
② 공직자등은 사례금을 받는 외부강의등을 할 때에는 대통령령으로 정하는 바에 따라 외부강의등의 요청 명세 등을 소속기관장에게 그 외부강의등을 마친 날부터 10일 이내에 서면으로 신고하여야 한다. 다만, 외부강의등을 요청한 자가 국가나 지방자치단체인 경우에는 그러하지 아니하다. 〈개정 2019. 11. 26.〉
③ 삭제 〈2019. 11. 26.〉
④ 소속기관장은 제2항에 따라 공직자등이 신고한 외부강의등이 공정한 직무수행을 저해할 수 있다고 판단하는 경우에는 그 공직자등의 외부강의등을 제한할 수 있다. 〈개정 2019. 11. 26.〉
⑤ 공직자등은 제1항에 따른 금액을 초과하는 사례금을 받은 경우에는 대

통령령으로 정하는 바에 따라 소속기관장에게 신고하고, 제공자에게 그 초과금액을 지체 없이 반환하여야 한다.

제11조(공무수행사인의 공무 수행과 관련된 행위제한 등)

① 다음 각 호의 어느 하나에 해당하는 자(이하 "공무수행사인"이라 한다)의 공무 수행에 관하여는 제5조부터 제9조까지를 준용한다.

1. 「행정기관 소속 위원회의 설치·운영에 관한 법률」 또는 다른 법령에 따라 설치된 각종 위원회의 위원 중 공직자가 아닌 위원
2. 법령에 따라 공공기관의 권한을 위임·위탁받은 법인·단체 또는 그 기관이나 개인
3. 공무를 수행하기 위하여 민간부문에서 공공기관에 파견 나온 사람
4. 법령에 따라 공무상 심의·평가 등을 하는 개인 또는 법인·단체

② 제1항에 따라 공무수행사인에 대하여 제5조부터 제9조까지를 준용하는 경우 "공직자등"은 "공무수행사인"으로 보고, "소속기관장"은 "다음 각 호의 구분에 따른 자"로 본다.

1. 제1항제1호에 따른 위원회의 위원: 그 위원회가 설치된 공공기관의 장
2. 제1항제2호에 따른 법인·단체 또는 그 기관이나 개인: 감독기관 또는 권한을 위임하거나 위탁한 공공기관의 장
3. 제1항제3호에 따른 사람: 파견을 받은 공공기관의 장
4. 제1항제4호에 따른 개인 또는 법인·단체: 해당 공무를 제공받는 공공기관의 장

제4장 부정청탁 등 방지에 관한 업무의 총괄 등

제12조(공직자등의 부정청탁 등 방지에 관한 업무의 총괄)
국민권익위원회는 이 법에 따른 다음 각 호의 사항에 관한 업무를 관장한다.
1. 부정청탁의 금지 및 금품등의 수수 금지·제한 등에 관한 제도개선 및 교육·홍보계획의 수립 및 시행
2. 부정청탁 등에 관한 유형, 판단기준 및 그 예방 조치 등에 관한 기준의 작성 및 보급
3. 부정청탁 등에 대한 신고 등의 안내·상담·접수·처리 등
4. 신고자 등에 대한 보호 및 보상
5. 제1호부터 제4호까지의 업무 수행에 필요한 실태조사 및 자료의 수집·관리·분석 등

제13조(위반행위의 신고 등)
① 누구든지 이 법의 위반행위가 발생하였거나 발생하고 있다는 사실을 알게 된 경우에는 다음 각 호의 어느 하나에 해당하는 기관에 신고할 수 있다.
1. 이 법의 위반행위가 발생한 공공기관 또는 그 감독기관
2. 감사원 또는 수사기관
3. 국민권익위원회

② 제1항에 따른 신고를 한 자가 다음 각 호의 어느 하나에 해당하는 경우

에는 이 법에 따른 보호 및 보상을 받지 못한다.
1. 신고의 내용이 거짓이라는 사실을 알았거나 알 수 있었음에도 신고한 경우
2. 신고와 관련하여 금품등이나 근무관계상의 특혜를 요구한 경우
3. 그 밖에 부정한 목적으로 신고한 경우

③ 제1항에 따라 신고를 하려는 자는 자신의 인적사항과 신고의 취지·이유·내용을 적고 서명한 문서와 함께 신고 대상 및 증거 등을 제출하여야 한다.

제13조의2(비실명 대리신고)
① 제13조제3항에도 불구하고 같은 조 제1항에 따라 신고를 하려는 자는 자신의 인적사항을 밝히지 아니하고 변호사를 선임하여 신고를 대리하게 할 수 있다. 이 경우 제13조제3항에 따른 신고자의 인적사항 및 신고자가 서명한 문서는 변호사의 인적사항 및 변호사가 서명한 문서로 갈음한다.

② 제1항에 따른 신고는 국민권익위원회에 하여야 하며, 신고자 또는 신고를 대리하는 변호사는 그 취지를 밝히고 신고자의 인적사항, 신고자임을 입증할 수 있는 자료 및 위임장을 국민권익위원회에 함께 제출하여야 한다.

③ 국민권익위원회는 제2항에 따라 제출된 자료를 봉인하여 보관하여야 하며, 신고자 본인의 동의 없이 이를 열람하여서는 아니 된다.

[본조신설 2021. 12. 7.]

제14조(신고의 처리)
① 제13조제1항제1호 또는 제2호의 기관(이하 "조사기관"이라 한다)은 같은 조 제1항에 따라 신고를 받거나 제2항에 따라 국민권익위원회로부터 신고를 이첩받은 경우에는 그 내용에 관하여 필요한 조사·감사 또는 수사를 하여야 한다.
② 국민권익위원회가 제13조제1항에 따른 신고를 받은 경우에는 그 내용에 관하여 신고자를 상대로 사실관계를 확인한 후 대통령령으로 정하는 바에 따라 조사기관에 이첩하고, 그 사실을 신고자에게 통보하여야 한다.
③ 조사기관은 제1항에 따라 조사·감사 또는 수사를 마친 날부터 10일 이내에 그 결과를 신고자와 국민권익위원회에 통보(국민권익위원회로부터 이첩받은 경우만 해당한다)하고, 조사·감사 또는 수사 결과에 따라 공소 제기, 과태료 부과 대상 위반행위의 통보, 징계 처분 등 필요한 조치를 하여야 한다.
④ 국민권익위원회는 제3항에 따라 조사기관으로부터 조사·감사 또는 수사 결과를 통보받은 경우에는 지체 없이 신고자에게 조사·감사 또는 수사 결과를 알려야 한다.
⑤ 제3항 또는 제4항에 따라 조사·감사 또는 수사 결과를 통보받은 신고자는 조사기관에 이의신청을 할 수 있으며, 제4항에 따라 조사·감사 또는 수사 결과를 통지받은 신고자는 국민권익위원회에도 이의신청을 할 수 있다.

⑥ 국민권익위원회는 조사기관의 조사·감사 또는 수사 결과가 충분하지 아니하다고 인정되는 경우에는 조사·감사 또는 수사 결과를 통보받은 날부터 30일 이내에 새로운 증거자료의 제출 등 합리적인 이유를 들어 조사기관에 재조사를 요구할 수 있다.

⑦ 제6항에 따른 재조사를 요구받은 조사기관은 재조사를 종료한 날부터 7일 이내에 그 결과를 국민권익위원회에 통보하여야 한다. 이 경우 국민권익위원회는 통보를 받은 즉시 신고자에게 재조사 결과의 요지를 알려야 한다.

제15조(신고자등의 보호·보상)

① 누구든지 다음 각 호의 어느 하나에 해당하는 신고 등(이하 "신고등"이라 한다)을 하지 못하도록 방해하거나 신고등을 한 자(이하 "신고자등"이라 한다)에게 이를 취소하도록 강요해서는 아니 된다.
1. 제7조제2항 및 제6항에 따른 신고
2. 제9조제1항, 같은 조 제2항 단서 및 같은 조 제6항에 따른 신고 및 인도
3. 제13조제1항에 따른 신고
4. 제1호부터 제3호까지에 따른 신고를 한 자 외에 협조를 한 자가 신고에 관한 조사·감사·수사·소송 또는 보호조치에 관한 조사·소송 등에서 진술·증언 및 자료제공 등의 방법으로 조력하는 행위

② 누구든지 신고자등에게 신고등을 이유로 불이익조치(「공익신고자 보호법」 제2조제6호에 따른 불이익조치를 말한다. 이하 같다)를 해서는 아니 된다.

③ 이 법에 따른 위반행위를 한 자가 위반사실을 자진하여 신고하거나 신고자등이 신고등을 함으로 인하여 자신이 한 이 법 위반행위가 발견된 경우에는 그 위반행위에 대한 형사처벌, 과태료 부과, 징계처분, 그 밖의 행정처분 등을 감경하거나 면제할 수 있다.

④ 제1항부터 제3항까지에서 규정한 사항 외에 신고자등의 보호 등에 관하여는 「공익신고자 보호법」 제11조부터 제13조까지, 제14조제4항부터 제6항까지, 제16조부터 제20조까지, 제20조의2, 제21조 및 제22조부터 제25조까지의 규정을 준용한다. 이 경우 "공익신고자등"은 "신고자등"으로, "공익신고등"은 "신고등"으로, "공익신고자"는 "신고자"로, "공익침해행위"는 "이 법의 위반행위"로 본다. 〈개정 2021. 4. 20., 2021. 12. 7.〉

⑤ 국민권익위원회는 제13조제1항에 따른 신고로 인하여 공공기관에 재산상 이익을 가져오거나 손실을 방지한 경우 또는 공익의 증진을 가져온 경우에는 그 신고자에게 포상금을 지급할 수 있다.

⑥ 국민권익위원회는 제13조제1항에 따른 신고로 인하여 공공기관에 직접적인 수입의 회복·증대 또는 비용의 절감을 가져온 경우에는 그 신고자의 신청에 의하여 보상금을 지급하여야 한다.

⑦ 국민권익위원회는 제13조제1항에 따라 신고를 한 자, 그 친족이나 동거인 또는 그 신고와 관련하여 진술·증언 및 자료제공 등의 방법으로 신고에 관한 감사·수사 또는 조사 등에 조력한 자가 신고 등과 관련하여 다음 각 호의 어느 하나에 해당하는 피해를 입었거나 비용을 지출한 경우에는 신청에 따라 구조금을 지급할 수 있다. 〈신설 2021. 12. 7.〉

1. 육체적·정신적 치료 등에 소요된 비용
2. 전직·파견근무 등으로 소요된 이사비용
3. 제13조제1항에 따른 신고 등을 이유로 한 쟁송절차에 소요된 비용
4. 불이익조치 기간의 임금 손실액
5. 그 밖의 중대한 경제적 손해(인가·허가 등의 취소 등 행정적 불이익을 주는 행위 또는 물품·용역 계약의 해지 등 경제적 불이익을 주는 조치에 따른 손해는 제외한다)

⑧ 제5항부터 제7항까지의 규정에 따른 포상금·보상금·구조금의 신청 및 지급 등에 관하여는 「부패방지 및 국민권익위원회의 설치와 운영에 관한 법률」 제68조부터 제70조까지, 제70조의2 및 제71조를 준용한다. 이 경우 "신고자"는 "제13조제1항에 따라 신고를 한 자"로, "신고"는 "제13조제1항에 따른 신고"로 본다. 〈개정 2019. 4. 16., 2021. 12. 7.〉

제15조의2(이행강제금)

① 국민권익위원회는 제15조제4항에 따라 준용되는 「공익신고자 보호법」 제20조제1항에 따른 보호조치결정을 받은 후 그 정해진 기한까지 보호조치를 취하지 아니한 자에게는 3천만원 이하의 이행강제금을 부과한다. 다만, 국가 또는 지방자치단체는 제외한다.
② 제1항에 따른 이행강제금의 부과 기준, 절차 및 징수 등에 필요한 사항은 「공익신고자 보호법」 제21조의2제2항부터 제7항까지의 규정을 준용한다.

[본조신설 2021. 12. 7.]

제16조(위법한 직무처리에 대한 조치)

공공기관의 장은 공직자등이 직무수행 중에 또는 직무수행 후에 제5조, 제6조 및 제8조를 위반한 사실을 발견한 경우에는 해당 직무를 중지하거나 취소하는 등 필요한 조치를 하여야 한다.

제17조(부당이득의 환수)

공공기관의 장은 제5조, 제6조, 제8조를 위반하여 수행한 공직자등의 직무가 위법한 것으로 확정된 경우에는 그 직무의 상대방에게 이미 지출·교부된 금액 또는 물건이나 그 밖에 재산상 이익을 환수하여야 한다.

제18조(비밀누설 금지)
다음 각 호의 어느 하나에 해당하는 업무를 수행하거나 수행하였던 공직자등은 그 업무처리 과정에서 알게 된 비밀을 누설해서는 아니 된다. 다만, 제7조제7항에 따라 공개하는 경우에는 그러하지 아니하다.

1. 제7조에 따른 부정청탁의 신고 및 조치에 관한 업무
2. 제9조에 따른 수수 금지 금품등의 신고 및 처리에 관한 업무

제19조(교육과 홍보 등)

① 공공기관의 장은 공직자등에게 부정청탁 금지 및 금품등의 수수 금지에 관한 내용을 정기적으로 교육하여야 하며, 이를 준수할 것을 약속하는

서약서를 받아야 한다.

② 공공기관의 장은 이 법에서 금지하고 있는 사항을 적극적으로 알리는 등 국민들이 이 법을 준수하도록 유도하여야 한다.

③ 공공기관의 장은 제1항 및 제2항에 따른 교육 및 홍보 등의 실시를 위하여 필요하면 국민권익위원회에 지원을 요청할 수 있다. 이 경우 국민권익위원회는 적극 협력하여야 한다.

제20조(부정청탁 금지 등을 담당하는 담당관의 지정)

공공기관의 장은 소속 공직자등 중에서 다음 각 호의 부정청탁 금지 등을 담당하는 담당관을 지정하여야 한다.

1. 부정청탁 금지 및 금품등의 수수 금지에 관한 내용의 교육·상담
2. 이 법에 따른 신고·신청의 접수, 처리 및 내용의 조사
3. 이 법에 따른 소속기관장의 위반행위를 발견한 경우 법원 또는 수사기관에 그 사실의 통보

제5장 징계 및 벌칙

제21조(징계)

공공기관의 장 등은 공직자등이 이 법 또는 이 법에 따른 명령을 위반한 경우에는 징계처분을 하여야 한다.

제22조(벌칙)

① 다음 각 호의 어느 하나에 해당하는 자는 3년 이하의 징역 또는 3천만원 이하의 벌금에 처한다.

1. 제8조제1항을 위반한 공직자등(제11조에 따라 준용되는 공무수행사인을 포함한다). 다만, 제9조제1항·제2항 또는 제6항에 따라 신고하거나 그 수수 금지 금품등을 반환 또는 인도하거나 거부의 의사를 표시한 공직자등은 제외한다.
2. 자신의 배우자가 제8조제4항을 위반하여 같은 조 제1항에 따른 수수 금지 금품등을 받거나 요구하거나 제공받기로 약속한 사실을 알고도 제9조제1항제2호 또는 같은 조 제6항에 따라 신고하지 아니한 공직자등(제11조에 따라 준용되는 공무수행사인을 포함한다). 다만, 공직자등 또는 배우자가 제9조제2항에 따라 수수 금지 금품등을 반환 또는 인도하거나 거부의 의사를 표시한 경우는 제외한다.
3. 제8조제5항을 위반하여 같은 조 제1항에 따른 수수 금지 금품등을 공직자등(제11조에 따라 준용되는 공무수행사인을 포함한다) 또는 그 배우자에게 제공하거나 그 제공의 약속 또는 의사표시를 한 자
4. 제15조제4항에 따라 준용되는 「공익신고자 보호법」 제12조제1항을 위반하여 신고자등의 인적사항이나 신고자등임을 미루어 알 수 있는 사실을 다른 사람에게 알려주거나 공개 또는 보도한 자
5. 제18조를 위반하여 그 업무처리 과정에서 알게 된 비밀을 누설한 공직자등

② 다음 각 호의 어느 하나에 해당하는 자는 2년 이하의 징역 또는 2천만 원 이하의 벌금에 처한다.
1. 제6조를 위반하여 부정청탁을 받고 그에 따라 직무를 수행한 공직자등 (제11조에 따라 준용되는 공무수행사인을 포함한다)
2. 제15조제2항을 위반하여 신고자등에게 「공익신고자 보호법」 제2조제6호가목에 해당하는 불이익조치를 한 자
3. 제15조제4항에 따라 준용되는 「공익신고자 보호법」 제21조제2항에 따라 확정되거나 행정소송을 제기하여 확정된 보호조치결정을 이행하지 아니한 자

③ 다음 각 호의 어느 하나에 해당하는 자는 1년 이하의 징역 또는 1천만 원 이하의 벌금에 처한다.
1. 제15조제1항을 위반하여 신고등을 방해하거나 신고등을 취소하도록 강요한 자
2. 제15조제2항을 위반하여 신고자등에게 「공익신고자 보호법」 제2조제6호나목부터 사목까지의 어느 하나에 해당하는 불이익조치를 한 자

④ 제1항제1호부터 제3호까지의 규정에 따른 금품등은 몰수한다. 다만, 그 금품등의 전부 또는 일부를 몰수하는 것이 불가능한 경우에는 그 가액을 추징한다.

제23조(과태료 부과)

① 다음 각 호의 어느 하나에 해당하는 자에게는 3천만원 이하의 과태료를 부과한다.

1. 제5조제1항을 위반하여 제3자를 위하여 다른 공직자등(제11조에 따라 준용되는 공무수행사인을 포함한다)에게 부정청탁을 한 공직자등(제11조에 따라 준용되는 공무수행사인을 포함한다). 다만, 「형법」 등 다른 법률에 따라 형사처벌을 받은 경우에는 과태료를 부과하지 아니하며, 과태료를 부과한 후 형사처벌을 받은 경우에는 그 과태료 부과를 취소한다.
2. 제15조제4항에 따라 준용되는 「공익신고자 보호법」 제19조제2항 및 제3항(같은 법 제22조제3항에 따라 준용되는 경우를 포함한다)을 위반하여 자료 제출, 출석, 진술서의 제출을 거부한 자

② 다음 각 호의 어느 하나에 해당하는 자에게는 2천만원 이하의 과태료를 부과한다. 〈개정 2021. 12. 7.〉

1. 제5조제1항을 위반하여 제3자를 위하여 공직자등(제11조에 따라 준용되는 공무수행사인을 포함한다)에게 부정청탁을 한 자(제1항제1호에 해당하는 자는 제외한다). 다만, 「형법」 등 다른 법률에 따라 형사처벌을 받은 경우에는 과태료를 부과하지 아니하며, 과태료를 부과한 후 형사처벌을 받은 경우에는 그 과태료 부과를 취소한다.
2. 제15조제4항에 따라 준용되는 「공익신고자 보호법」 제20조의2를 위반하여 특별보호조치결정을 이행하지 아니한 자

③ 제5조제1항을 위반하여 제3자를 통하여 공직자등(제11조에 따라 준용되는 공무수행사인을 포함한다)에게 부정청탁을 한 자(제1항제1호 및 제2항에 해당하는 자는 제외한다)에게는 1천만원 이하의 과태료를 부과한다. 다만, 「형법」 등 다른 법률에 따라 형사처벌을 받은 경우에는

과태료를 부과하지 아니하며, 과태료를 부과한 후 형사처벌을 받은 경우에는 그 과태료 부과를 취소한다.

④ 제10조제5항에 따른 신고 및 반환 조치를 하지 아니한 공직자등에게는 500만원 이하의 과태료를 부과한다.

⑤ 다음 각 호의 어느 하나에 해당하는 자에게는 그 위반행위와 관련된 금품등 가액의 2배 이상 5배 이하에 상당하는 금액의 과태료를 부과한다. 다만, 제22조제1항제1호부터 제3호까지의 규정이나 「형법」 등 다른 법률에 따라 형사처벌(몰수나 추징을 당한 경우를 포함한다)을 받은 경우에는 과태료를 부과하지 아니하며, 과태료를 부과한 후 형사처벌을 받은 경우에는 그 과태료 부과를 취소한다.

1. 제8조제2항을 위반한 공직자등(제11조에 따라 준용되는 공무수행사인을 포함한다). 다만, 제9조제1항·제2항 또는 제6항에 따라 신고하거나 그 수수 금지 금품등을 반환 또는 인도하거나 거부의 의사를 표시한 공직자등은 제외한다.

2. 자신의 배우자가 제8조제4항을 위반하여 같은 조 제2항에 따른 수수 금지 금품등을 받거나 요구하거나 제공받기로 약속한 사실을 알고도 제9조제1항제2호 또는 같은 조 제6항에 따라 신고하지 아니한 공직자등(제11조에 따라 준용되는 공무수행사인을 포함한다). 다만, 공직자등 또는 배우자가 제9조제2항에 따라 수수 금지 금품등을 반환 또는 인도하거나 거부의 의사를 표시한 경우는 제외한다.

3. 제8조제5항을 위반하여 같은 조 제2항에 따른 수수 금지 금품등을 공직자등(제11조에 따라 준용되는 공무수행사인을 포함한다) 또는 그 배우

자에게 제공하거나 그 제공의 약속 또는 의사표시를 한 자
⑥ 제1항부터 제5항까지의 규정에도 불구하고 「국가공무원법」, 「지방공무원법」 등 다른 법률에 따라 징계부가금 부과의 의결이 있은 후에는 과태료를 부과하지 아니하며, 과태료가 부과된 후에는 징계부가금 부과의 의결을 하지 아니한다.
⑦ 소속기관장은 제1항부터 제5항까지의 과태료 부과 대상자에 대해서는 그 위반 사실을 「비송사건절차법」에 따른 과태료 재판 관할법원에 통보하여야 한다.

제24조(양벌규정)

법인 또는 단체의 대표자나 법인·단체 또는 개인의 대리인, 사용인, 그 밖의 종업원이 그 법인·단체 또는 개인의 업무에 관하여 제22조제1항제3호[금품등의 제공자가 공직자등(제11조에 따라 제8조가 준용되는 공무수행사인을 포함한다)인 경우는 제외한다], 제23조제2항, 제23조제3항 또는 제23조제5항제3호[금품등의 제공자가 공직자등(제11조에 따라 제8조가 준용되는 공무수행사인을 포함한다)인 경우는 제외한다]의 위반행위를 하면 그 행위자를 벌하는 외에 그 법인·단체 또는 개인에게도 해당 조문의 벌금 또는 과태료를 과한다. 다만, 법인·단체 또는 개인이 그 위반행위를 방지하기 위하여 해당 업무에 관하여 상당한 주의와 감독을 게을리하지 아니한 경우에는 그러하지 아니하다.

부   칙〈법률 제13278호, 2015. 3. 27.〉

제1조(시행일) 이 법은 공포 후 1년 6개월이 경과한 날부터 시행한다.

제2조(수수 금지 금품등의 신고에 관한 적용례) 제9조제1항은 이 법 시행 후 같은 항 각 호의 행위가 발생한 경우부터 적용한다.

제3조(외부강의등의 사례금 수수 제한에 관한 적용례) 제10조제1항은 이 법 시행 후 하는 외부강의등부터 적용한다.

부   칙〈법률 제14183호, 2016. 5. 29.〉(병역법)

제1조(시행일) 이 법은 공포 후 6개월이 경과한 날부터 시행한다.〈단서 생략〉

제2조 부터 제4조까지 생략

제5조(다른 법률의 개정) ①부터 ⑪까지 생략

⑫ 법률 제13278호 부정청탁 및 금품등 수수의 금지에 관한 법률 일부를 다음과 같이 개정한다.

제5조제1항제11호 중 "징병검사"를 "병역판정검사"로 한다.

⑬부터 ○까지 생략

부   칙〈법률 제16324호, 2019. 4. 16.〉(부패방지 및 국민권익위원회의 설치와 운영에 관한 법률)

제1조(시행일) 이 법은 공포 후 6개월이 경과한 날부터 시행한다.

제2조 부터 제10조까지 생략

제11조(다른 법률의 개정) 부정청탁 및 금품등 수수의 금지에 관한 법률 일부를 다음과 같이 개정한다.

제15조제7항 전단 중 "「부패방지 및 국민권익위원회의 설치와 운영에 관한 법률」 제68조부터 제71조까지의 규정을"을 "「부패방지 및 국민권익위원회의 설치와 운영에 관한 법률」 제68조부터 제70조까지, 제70조의2 및 제71조를"로 하고, 같은 항 후단 중 ""부패행위의 신고자""를 ""신고자""로, ""이 법에 따른 신고""를 ""신고""로 한다.

부   칙 〈법률 제16658호, 2019. 11. 26.〉

이 법은 공포 후 6개월이 경과한 날부터 시행한다.

부   칙 〈법률 제17882호, 2021. 1. 5.〉

이 법은 공포한 날부터 시행한다.

부   칙 〈법률 제18132호, 2021. 4. 20.〉 (공익신고자 보호법)

제1조(시행일) 이 법은 공포 후 6개월이 경과한 날부터 시행한다. 〈단서 생

략〉

제2조 부터 제8조까지 생략

제9조(다른 법률의 개정) 부정청탁 및 금품등 수수의 금지에 관한 법률 일부를 다음과 같이 개정한다.

제15조제4항 전단 중 "제14조제3항부터 제5항까지"를 "제14조제4항부터 제6항까지"로 한다.

부   칙 〈법률 제18576호, 2021. 12. 7.〉

제1조(시행일) 이 법은 공포 후 6개월이 경과한 날부터 시행한다.

제2조(구조금 지급에 관한 적용례) 제15조제7항 및 제8항의 개정규정은 이 법 시행 전에 신고 등과 관련하여 피해를 입었거나 비용을 지출한 경우에도 적용한다.

제3조(이행강제금에 관한 적용례) 제15조의2의 개정규정은 이 법 시행 이후 제15조제4항에 따라 준용되는 「공익신고자 보호법」 제20조제1항에 따른 보호조치결정을 받은 자부터 적용한다.

부   칙 〈법률 제18581호, 2021. 12. 16.〉

이 법은 공포한 날부터 시행한다.

◆공지사항◆

'창과 방패'는 저자 문성옥원장이 현장 단속을 오랫동안 해오는 과정에서 습득한 기술적 노하우의 기법을 저술한 지침서입니다.

따라서 단속하는 기법이 현실에 부합하지 않게 여겨지는 부분이 있다고 해도 그 것은 각자의 생각과 단속 스타일에 따라 다를 수 있음을 사전에 공지합니다.

그에 대해서는 어떠한 경우든 저자의 책임이 없음을 공지합니다.

뿐만 아니라 지자체나 정부에서 실시하는 제도는 사전에 예고없이 폐지되거나 변경되는 등의 변화가 발생할 수 있습니다.

그 때문에 단속하기 전에 반드시 관계기관에 문의한 후에 단속할 것을공지합니다.

당연히 포상금 지급이나 예산 등에 대해서도 사전에 꼭 확인해본 후에 단속해야 됨을 공지합니다.

'창과 방패'의 내용을 복사하거나 나름대로 변형시켜서 사용할 경우 민형사 상 처벌을 받을 수 있음을 공지합니다.

어떠한 경우든 유사한 내용으로 복사해서 출간한다든가 연재하는 등의 행위를 했을 경우에도 민형사 상 처벌을 받을 수 있음을 공지합니다.